복음의 눈으로 본 요한계시록

복음의 눈으로 본 요한계시록

주우경 목사 지음

문서사역
|종|려|가|지|

머리말

어느 날, 본 교회 부흥집회가 열릴 때였었다. 강사로 오신 목사님께서 말씀을 기다리고 있던 성도들을 향해서 질문을 하셨다. 성도들의 신앙 수준을 점검하기 위해서 "오늘 밤에, 주님이 오신다면 천국 갈 자신 있는 사람들은 손을 들어 표현해 달라"는 질문이었다.

그 질문에 손을 든 성도는 몇 명밖에 안 되었다. 결과적으로, 그들의 신앙이 형편없어서였을까? 그런 것은 아닐 것이다. 그렇다면 성도들은 왜 손을 들지 못한 것일까? 일반적으로, 성도들은 자신의 삶의 행위를 보고 구원받을 만한가를 판단하기 때문에 쉽게 대답할 수 없었던 것이다.

그러나 사도 요한의 구원관은 하나님과 성도의 관계성에 초점을 두고 있다. 즉 하나님의 자녀 된 신분, 거듭난 사람, 또는 생명의 떡 등이다. 본인 자신에게 하나님의 자녀라는 확신이 있다면, 강사 목사님의 질문에 답을 하는 데에는 부담이 없었을 것이다.

사도 요한은 구원이 하나님과의 관계에 있다는 것을 요한복음에서 다룬다. 또한 요한 1, 2, 3서에서는 하나님의 자녀인 성도들은 사랑을 실천하는 삶을 통해서 성도다운 성도가 됨을 강조한다. 그리고 요한계시록을 통해 1세기 성도들이 겪었던 죽음을 넘나드는 핍박과 환란 등을 극복하고 영원한 천국으로 갈 수 있는 비전과 희망의 메시지를 전한다. 이런 사도 요한의 신앙을 필자는 '요한신학' 이라고 한다.

한국교회에서 이단이 가장 많이 나오는 성경이 요한계시록일 것이다. 우리가 요한계시록을 대할 때, 믿음이라는 자신의 신앙 상태로 구원을 접근하지 아니하고, 요한신학의 시각으로 접근하여 본다면 어렵지 않고, 쉽게 읽을 수 있을 것이라는 확신이 들었다.

그래서 청안교회 성도들에게 구역공과 형식으로 매주 주보에 연재했던 말씀들을 정리하여 책을 만들게 되었다. 이 책이 출간되는 데는 한치호 목사님의 강력한 권유로 용기를 내게 되었음을 밝혀둔다.

이를 위해서 수고한 가족들과 새벽마다 기도해주시는 청안의 성도님들께 감사드리고, 또한 모든 영광을 하나님께 올리고자 한다.

2017. 9.

청안아카데미에서

목사 주우경

차 례

둘째 묶음 ● 계 5:9–12:6

셋째 묶음 ● 계 12:7–16:21

넷째 묶음 ● 계 17:1–22:21

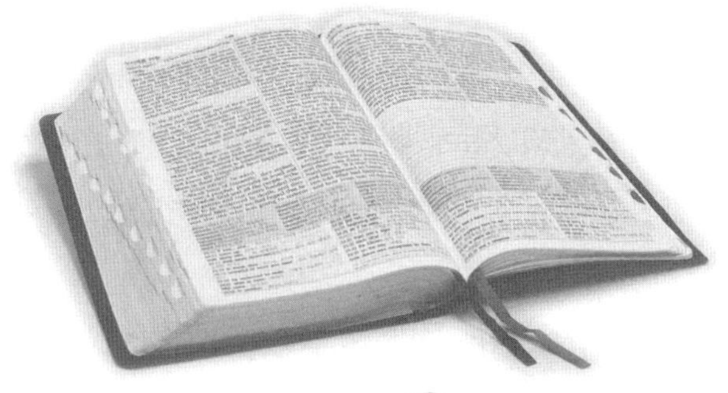

첫째 묶음

계 1:1–5:8

1과_ 계시록에 나타난 복음

본문_ 계 1:1-7

서론

복음이란 하나님께서 이 세상을 사랑하사 독생자 예수 그리스도를 이 땅에 보내어 죽어가는 죄인들에게 구원의 길을 열어 주신 것이다. 요 3:16의 약속과 같이, 누구든지 예수님을 믿으면 멸망하지 아니하고 영생의 복을 받는다. 이것이 복음이다.

그러면 요한계시록에 나타난 복음은 무엇인지 살펴보고자 한다.

1. 예수 그리스도의 계시라

본문을 시작하면서 1:1에, 예수 그리스도의 계시라고 시작하고 있는데 이 말씀이 곧 복음이다. 예수님은 하나님의 아들이면서 죄로 죽었던 우리를 구원하시려고 이 땅에 오셨는데 그 예수님께 숨겨진 비밀(즉 복음의 비밀)이 있다. 그 비밀을 우리에게 열어서 보여주심으로써 말미암아 죄인들이 구원 받고, 담대히 살아갈 것을 약속하셨다.

'예수'는 고유명사로 '자기 백성을 저희 죄에서 구원할 자'라는 뜻을 가지고 있으며, 하나님께서 마태복음에 직접 지어 주신 것이다. 그리스도란 예수님의 직명(직분명)으로 그 뜻도 역시 구원자라는 의미를 갖고 있다.

2. 예언의 말씀을 읽는 자

본문의 3절에서 이 예언의 말씀 그 자체가 복음이다. 성경 말씀이 예언의 말씀이요, 구체적으로 요한계시록이 예언의 말씀이다.

"그 예언의 말씀을 읽는 자와 듣는 자와 그 가운데 기록한 것을 지키는 자는 복이 있나니 때가 가까움이라."

죄인 된 우리에게 큰 복음이다. 하나님의 말씀을 읽기만 해도, 듣기만 해도 복인 이 사실이 복음이요, 지킬 수 있다는 것 그 자체가 복음이다.

3. 그가 구름 타고 오시리라

본문의 7절에서 그가 구름 타고 오시리라 한 약속이 복음이다. 이 땅에서 죄만 짓고 살다가 죽으면 영원한 지옥으로 가야 할 우리에게 부활의 주님께서 심판의 주님으로 이 땅에 오시겠다고 약속한 이 축복은 엄청난 복음이다.

– 선악 간에 행한 대로 갚아주심의 복이요

– 죄로 지옥 갈 자를 구원하심이 복이요

– 영원한 천국을 약속하시고

– 썩어질 몸이 신령한 몸으로 부활을 약속하심이 복음이다.

결론

우리는 요한계시록을 대할 때, 하나님께 감사하자. 우리 교회의 성도에게 소망의 메시지 주심을 감사하며 영원한 천국에서의 삶을 보장하시기 위해 요한계시록을 주신 것을 감사하면서 다시 오실 주님을 기다리게 하심이 복음이다. 아멘, 주 예수여 속히 오소서!

2과_ 밧모섬의 요한

본문_ 계 1:9-10

서론

사도 요한은 복음을 전하다가 당시에, 무인도인 밧모섬에 유배되었다. 뱀과 전갈이 우글거리는 죽음의 섬이지만 그에게는 그 섬에서의 삶이 인생의 최고의 섬이 될지는 아무도 모르는 일이었다. 하나님은 인간적으로 가장 바닥 생활하는 요한에게 나타나서 마지막 때 될 일을 보여 주심과 천국을 보여주시며 계시록을 기록하게 하셨다. 그러므로 영적으로는 그 곳의 삶이 최고의 복된 삶이었다고 볼 수 있다.
그러면 요한에게 있어서 복음은 무엇일까?

1. 밧모섬이 복음이다.

요한은 1:9에서, 이렇게 고백한다. "나 요한은 너희 형제요 예수의 환란과 나라와 참음에 동참하는 자라 하나님의 말씀과 예수를 증언하였음으로 말미암아 밧모라는 섬에 있었더니" 라고 고백한다. 그는 자신이 밧모섬에 유배된 이유를 설명해주고 있다. 하나님의 말씀과 예수를 증언하다가 유배된 것이다.

마 5:10, "의를 위하여 박해를 받는 자는 복이 있나니 천국이 그들의 것임이라."

사도 요한 이후 수많은 사도와 제자들과 성도들은 주와 복음을 전하고 증거하다가 죽임을 당하거나 환란을 받았다. 오늘날에도 주님과 복음을 위하여 살다가 환란을 당하는 믿음의 사람들이여 낙심하지 말라. 그것이 축복이요, 복음이다.

2. 성령의 감동이 복음이다.

계 1:10, "주의 날에 내가 성령에 감동되어"란 말씀이 있다. 사도 요한은 성령에 감동되어 하나님의 음성을 들을 수 있었다. 구약시대나 신약시대를 막론하고 성령의 감동된 사람들은 복을 받았다.

노아는 하나님의 은혜를 입었다.(창 6:8) 물로 심판받을 때 그 물 속에서 구원 받은 것은 전적으로 하나님의 은혜로 된 것이다. 아브라함은 하나님의 부름으로 은혜를 입어 믿음의 조상이 되었다. 다윗도 왕이 될 수 있는 복을 받았다.

사도행전 2장을 보자. 오순절 날에 성령이 임함으로 제자들은 능력의 사람이 되었고, 사도 요한에게도 성령이 임함으로 능력의 사람이 되었고, 그에게 성령이 임함으로 요한계시록을 기록하는 능력의 역사가 나타났다. 지금도 성령이 임하는 자에게 큰 축복이 있음을 재확인하게 된다.

3. "음성을 들으니" 이것이 복음이다.

계 1:10, 요한은 "뒤에서 나는 나팔소리 같은 큰 음성을 들으니"란 말씀이 있다. 요한은 밧모섬에서 성령의 감동이 되어 주님의 음성을 듣게 되었다. 그것이 복음이다. 요한은 음성을 들음으로 요한계시록을 기록할 수 있는 복을 받았다. 사도 바울도 다메섹으로 가다가 강한 빛을 보았고, 음성을 들었다. "나는 네가 핍박하는 나사렛 예수라"는 주님의 그 음성을 듣고 새사람이 된 것이다.

오늘날 믿음의 사람들도 주님의 음성을 듣고 변화를 받아 새사람이 되어 회개하고 예수의 사람이 되었다. 믿음은 주님의 음성을 듣는 것으로부터 시작된다.
이 땅, 수많은 사람들은 신앙생활 할 때, 결정적으로 주님의 음성을 들으면 변화를 받아 새사람이 되거나 회개하고 예수의 사람으로 바꾸어진다. 또한 주님의 큰 사역자로 쓰임 받을 때 소명이 대부분 주님의 음성을 들음으로부터 시작된다.

결론

사도 요한에게 밧모섬은 축복의 땅이었고 성령의 감동하심을 받아 능력 있는 삶을 살 기회였다. 또한 그는 주님의 음성을 들음으로 요한계시록을 기록할 수 있는 엄청난 복을 받았다. 그에게 이런 복음이 있듯이 각각 성도들에게도 비슷한 복음이 있을 것이다. 낙심하지 말고, 환란 중에도 믿음으로 승리하자.

3과_ 요한이 본 예수님
본문_ 계 1:11－20

서론

사도 요한은 복음을 전하다가 밧모섬에 유배당하였다. 하나님께서는 그 때, 유배지에 있는 그에게 마지막 때 될 일들을 보여주셨다. 그리고 본 그대로 기록하여 아시아 일곱 교회에 보내주라고 명령하셨다.

1. 예수님의 모습(계 1:13-16)

① 촛대 사이에 계신 예수님
② 옷을 입었는데 드레스 같은 옷을 입어서 발에 끌리는 옷을 입고
③ 가슴에 금띠를 띠고
④ 머리털의 희기가 흰 양털 같고 눈 같으며
⑤ 눈은 불꽃 같고
⑥ 발은 풀무불에 단련한 빛난 주석, 음성은 맑은 물소리와 같으며
⑦ 오른손에 일곱 별이 있고
⑧ 입에서 좌우에 날선 검이 나오고
⑨ 그 얼굴은 해가 힘 있게 비치는 것 같더라.

예수님이 전능하신 분이며, 신령한 분임을 가르쳐리켜 주고 있다.

2. 사망과 음부의 열쇠를 가지신 분(계 1:17-18)

계 1:18에, "사망과 음부의 열쇠를 가졌노니"

예수님께서 생명의 주관자이심을 의미한다. 사망의 열쇠를 가졌다는 것은 인간의 육적인 죽음을 주장하시는 분이 예수님임을 뜻한다. 음부는 지옥을 의미하며 두 번째 죽음, 즉 하나님과 인간의 분리를 나타내는 영적인 죽음을 주장하시는 분도 예수님이시다.
히 9:27, 사람이 낳고 죽는 것은 정한 이치요 그 후에 심판이 있다고 말씀하고 있다. 심판자이신 예수님의 허락 없이는 아무것도 못한다.

3. 예수님께서 일곱 별과 촛대를 가지고 있다

① 일곱 별은 일곱 교회의 사자이다. 교회의 사자는 오늘날 교회의 지도자인 목회자를 가리킨다. 목사도 예수님의 손에 있다. 이스라엘의 지도자였던 모세가 주님의 손에 있었듯이 오늘날 목회자나 사역자들도 예수님의 손에 있다.

② 일곱 촛대는 일곱 교회이다. 교회는 성도들을 의미한다. 교회는 세상에 속하지 않고 예수님께 속하였다. 그러므로 성도들도 세상에 속한 자들이 아닌 예수님께 속한 자들이다.

결론

요한은 거룩하신 분이며, 음부와 사망의 열쇠를 가지시고 일곱 별과 일곱 촛대 즉 교회의 지도자들과 성도들의 주인되시는 예수님을 보았다. 우리가 예수님의 손에 있음을 자각하고, 온전히 주님만 의지하고 그 분만 따라 순종하여 승리합시다.

4과_ 에베소 교회에 준 복음

본문_ 계 2:1–7

서론

교회와 교회 지도자를 붙잡고 계신 주님께서 에베소 교회에 주신 복음의 메시지가 있다. 먼저 에베소 교회에 보낸 편지의 내용을 살펴보고, 주님께서 주신 복음을 하나하나 찾아보려고 한다.

A) 에베소 교회의 장점

① 에베소 교회의 행위와 수고와 인내

② 악한 자들을 용납하지 아니한 것

③ 자칭 사도라 하는 자들을 시험하여 그의 거짓됨을 드러낸 것

④ 참고 견디고 게으르지 아니한 것

B) 에베소 교회 단점

① 너의 처음 사랑을 버린 것

② 어디선가 떨어진 것

1. 에베소 교회에 준 편지가 복음이다

이것이 복음이다. 하나님은 에베소 교회를 생각하시고 사자에게 편지를 하라 하였다. 편지한 것은 에베소 교회에 관심이 있다는 것으로 그 교회를 사랑한다는 뜻이다. 계 2:2–3에 나타난 주님의 칭찬은 에베소 교회에 주신 복음이다. 에베소 교회에 대한 칭찬을 들은 에베소 교회의 성도들은

긍지와 자부심을 가지고 주어진 삶을 더욱더 힘있는 삶을 살 수 있게 될 것이다.

2. 회개할 기회를 주신 것이 복음이다.

에베소 교회는 처음 사랑을 버린 교회로서 책망할 것이 많은 성도들이지만 주님께서는 그들을 사랑하여 회개할 기회를 주셨다.

베드로는 회개할 기회를 얻고 회개하여 하나님의 자녀로서, 제자로서 또는 사도로서의 사명을 다할 수 있었다. 범죄한 다윗도 나단 선지자를 통해 회개할 기회를 얻고, 또 다윗이 회개함으로써 후에 성군이라는 칭호를 얻게 되었다. 그러나 가룟 유다는 예수님을 팔아먹고 회개할 기회를 얻지 못하여 저주 받고 목매달아 죽었다.

어디에서 떨어졌는지를 생각하고 회개하여 처음 행위를 가지라고 말씀한 것과 만일 회개하지 않으면 촛대를 그 자리에서 옮기리라는 경고의 메시지가 복음이다.

3. 성령의 말씀을 들을 수 있는 것이 복음이다.

하나님께서 에베소 교회 성도들에게 성령이 교회들에게 하시는 말씀을 들을 귀를 주신 것이 복음이다. 하나님께서는 말씀을 듣고 이기는 자들에게 낙원에 있는 생명나무의 열매를 먹을 수 있는 축복을 약속하셨다.

결론

주님께서는 당신의 이름으로 세워진 에베소 교회 성도들에게 끝까지 복음을 주신 것처럼 하나님께서 우리에게도 복음을 주셨다. 그 복음 안에서 참된 승리자들이 되기를 바란다.

5과_ 온전한 교회의 모델 서머나 교회

본문_ 계 2:8-11

서론

일곱 교회에 주신 말씀 중에, 오직 칭찬만 있고 책망이 없는 교회는 서머나 교회이다. 오늘날 많은 교회 가운데 서머나 교회와 같이 칭찬만 듣는 교회는 많지 않다. 현대 지상교회는 공과 사가 있듯이 칭찬 듣는 교회와 책망 받는 교회가 현존한다는 보편적인 생각을 한다.
그러므로 현대 교회의 목회자, 중직자, 성도들 모두 칭찬과 책망 받는 일을 당연시 여겨왔다. 그러다 보니 교회는 도덕성이 해이해지고 점점 무기력한 상태로 전락하고 말았다. 서머나 교회처럼 칭찬만 듣고 책망 받을 일이 없는 완벽한 교회가 이 시대에 필요하다.

1. 서머나 교회에 나타난 예수님

처음이며 마지막이신 예수님은 우주의 시작점인 동시에 끝이라는 뜻이기도 하다. 그리고 예수님은 전능자요, 창조자요, 영원한 영생이요, 마지막 심판자이시다.
또한 예수님은 죽었다가 살아나신 분으로 서머나 교회에 나타나셨다. '죽었다가' 란 말씀은 인간이었던 예수님의 인성을 강조한 것으로 인간의 모든 죄를 담당하고 십자가에 죽으셨고, 다시 사망권세를 이기고 살아나신 예수님의 삶을 의미한다. 그 부활의 주님께서 서머나 교회를 칭찬하신다.

2. 서머나 교회를 칭찬하신 예수님

환란과 궁핍한 서머나 교회 성도들이 어려운 환경 가운데서도 신앙을 굳게 지키고 믿음으로 승리한 것을 주님께서는 다 알고 있다는 말씀으로 교회를 위로하셨다. 환란과 궁핍함 속에서도 물질에 넘어지지 않고 승리한 것은 그들의 마음이 부요하기 때문이라고 칭찬하셨다.

또한 예수님께서는 자칭 유대인들의 비방도 알고 계셨고, 비방도 알거니와 그들은 유대인이 아니요 사탄의 회당이라고 하시며 거짓된 사탄의 유혹에도 조금도 흔들리지 아니하고 믿음으로 승리한 서머나 교회 성도들을 칭찬하셨다. 나아가 앞으로도 고난과 환란이 오더라도 조금도 두려워하지 말고 믿음을 지키며 충성을 다하라고 격려하셨다. 이 신앙을 지키면 반드시 승리할 것을 예수님께서 약속해주신다.

3. 생명의 면류관을 약속하신 예수님

이 땅에서의 신앙생활은 결코 순탄한 삶이 아니다. 믿음을 가지고 예수님 안에서 살려고 하면 할수록 더 큰 고난이 온다. 그러나 그 고난 후에는 반드시 하나님의 보상이 약속되어 있다. 그것은 바로 천국에서의 생명의 면류관이다.

생명의 면류관은 정확히 알 수 없지만 요한복음에 약속한 것처럼 죽어도 살겠고 살아서 믿으면 영원히 죽지 아니하리라는 축복이다.

결론

우리가 서머나 교회의 성도들처럼 칭찬을 들을지언정 책망 받는 일이 없도록 굳게 신앙을 지키면서 살아간다면 반드시 생명의 면류관이 약속되어 있음을 기억하여 죽도록 충성하는 성도들이 되자.

6과_ 버가모 교회에 주신 복음

본문_ 계 2:12-17

서론

버가모 교회에 나타난 예수님은 좌우에 날선 검을 가지셨다. 버가모 교회가 칭찬 들을 일은 예수님의 이름을 굳게 잡고 충성된 증인 안디바가 사탄이 사는 곳에서 죽임을 당할 때에도 예수님을 믿는 믿음을 저버리지 아니한 것이다. 그러나 책망 들을 일도 있다. 그들 가운데 발람의 교훈을 지키는 자들과 니골라당의 교훈을 지키는 자들이 있었다. 그러므로 회개하라고 말씀하시며, "성령이 교회들에게 하시는 말씀을 들으라."고 하셨다. 이것이 버가모 교회에 주신 복음이다.

1. 좌우에 날선 검을 가지신 예수님

검은 베는 도구이며, 썩은 것을 도려내기도 하고 권력을 상징하기도 한다. 우리는 본문에 나오는 검을 세상의 검이 아닌, 영적인 검으로 보아야 한다. 영적인 검은 곧 말씀이다.

> 히 4:12, "하나님의 말씀은 살아있고 활력이 있어 좌우에 날선 어떤 검보다도 예리하여 혼과 영과 및 관절과 골수를 찔러 쪼개기까지 하며 또 마음의 생각과 뜻을 판단하나니."

2. 버가모 교회의 복음

계 2:16, 버가모 교회에 회개할 기회를 주신 것이 복음이다. 다윗은 회개할 기회를 얻고 회개하여 성군이 되었고, 사울 왕은 회개할 기회가 있었지만 회개하지 않아 버림을 받았다. 베드로는 회개하여 능력의 사도가 되었지만, 가룟 유다는 회개하지 않아 배신자의 대명사가 되었다.
회개하지 않을 때, 주님께서 약속하셨다.

> 계 2:16(하), "내가 네게 속히 가서 예수님의 입의 검(말씀)으로 그들과 싸우리라."

예수님은 버가모 교회 성도들을 위하여 말씀으로 사탄과 싸우시겠다고 약속하셨다. 이것이 복음이다. 성령의 임재가 복음이다.

> 계 2:17, "귀 있는 자는 성령이 교회들에게 주시는 말씀을 들을지어다."

버가모 교회의 복음은 성령의 임재하심 그 자체이다.

3. 버가모 교회에 약속한 축복

감추었던 만나를 주겠다고 약속하셨다. 흰 돌을 줄 터인데 돌 위에 새 이름을 기록하라 하셨다. 흰 돌은 첫째로 예수 그리스도를 가리키며, 둘째로 생명책으로 볼 수도 있다. 여기에 흰 돌이 정확히 무엇을 의미하는지 알 수 없지만 우리들의 이름이 기록되는 곳은 생명책이다. 하나님 나라의 생명책에 이름이 기록된 자라면 그보다 더 큰 축복은 없다.

결론

버가모 교회에 주신 복음을 오늘 우리에게도 주셨다. 감추었던 만나 즉 생명의 양식인 말씀과 우리의 이름을 기록할 생명의 책을 주셔서 성도들인 우리 모두가 생명의 책 속에 이름들이 기록되었다. 그러므로 버가모 교회에 약속해주신 복을 받아 복음 안에서 승리하기 바란다.

7과_ 현대교회의 모델 두아디라 교회

본문_ 계 2:18-29

서론

계시록의 일곱 교회에 나타난 예수님의 모습을 보면 그 교회의 특징을 알 수 있다. 두아디라 교회에 나타난 예수님은 눈이 불꽃 같고, 발이 빛난 주석 같은 분으로 나타나셔서 교회 사자에게 말씀하신다.

1. 불꽃같은 눈으로 보시고 칭찬하심

주님께서는 두아디라 교회를 대단히 칭찬하셨다. 그 만큼 믿을만한 교회요, 그의 행실에 아름다움이 있었기 때문이다. 두아디라 교회는,

① 네 사업을 알고: 복음 사업에 확실한 교회
② 사랑이 넘치는 교회: 원수도 사랑하라는 말씀을 지켜 사랑이 넘치는 교회
③ 믿음: 산을 옮길만한 믿음, 주 예수를 믿어 구원에 이르는 믿음이 있는 교회
④ 섬김: 어려운 이웃과 고아와 과부를 잘 섬기는 교회
⑤ 인내: 어렵고 힘든 일들이 있다 할지라도 잘 참고 인내함으로 승리한 교회이다.

2. 불꽃 같은 눈으로 보시고 책망하심

이세벨을 용납함: 두아디아 교회는 거짓 선지자로 성도를 꾀어내어 말씀

을 어기게 하고 불순종하게 한 이세벨을 용납하였다고 한 것은 교회가 타락했다는 증거이다. 또한 회개할 기회를 주었지만 회개하지 아니함으로(음행) 더 큰 죄를 범한 교회가 되었다. 현대 교회도 섬김과 사랑이 있는 것 같이 보이나 물질과 타협하고, 이세벨을 용납한 두아디라 교회처럼 타락하지는 않았는지 스스로 살펴보아 더 큰 죄를 범하는 일이 없어야 할 것이다.

3. 두아디라 교회에 주신 빛난 주석 같은 복음

① 주님께서 오실 때까지 네게 있는 것을 굳게 잡으라. 두아디라 교회가 가지고 있는 장점 – 사랑, 믿음, 인내, 섬김 등을 굳게 잡고 주님께서 오실 때까지 흔들리지 말라고 약속하셨다. 이것이 두아디라 교회에 주신 첫 번째 복음이다.

② 만국을 다스리는 권세를 주겠다고 약속하셨다. 이것이 복음이다. 조건이 붙었지만 만국을 다스리는 권세를 주시겠다는 것은 분명 복음이다. 성도는 주신 약속을 받아 누리기 위해서 사탄과 끝까지 싸워 이길 것이고 주님께서 주신 믿음을 지킬 것이기 때문이다.

③ 새벽별을 주리라 하심도 분명 두아디라 교회의 복음이다. 새벽에 끝까지 남아서 신앙을 지킨 교회와 성도를 가리킴이다.

결론

두아디라 교회에 주신 복음을 바라보면서 우리도 새벽별처럼 영원히 빛나는 믿음의 성도들이 다 되시기를 기원한다. 책망이 있을지라도 칭찬이 먼저 됨을 감사드린다.

8과_ 사데 교회에 약속한 복음

본문_ 계 3:1-6

서론

사데 교회의 사자에게 편지한 하나님은 일곱 영과 일곱 별을 가지신 분이시다. 그 분은 이미 사데 교회의 행위를 아시는 분으로서 사데 교회에 경고의 메시지를 전하셨다. "살았다고 하나 죽은 자로다." 그러므로 그 이유를 찾아서 회개하라고 하신다.
주님의 재림은 도둑처럼 임하기 때문에 깨어 있지 않으면 큰 낭패를 당하게 된다. 주님께서 사데 교회에 전해주신 복음은 무엇일까?

1. 회개하라

계 3:3에서 회개하라고 권면하신 말씀이 사데 교회의 복음이다. 사데 교회가 살아있다고 하나 죽은 자라는 것이다. 이 표현은 영적인 표현으로 그들이 지은 죄 때문에 죽은 자라고 말씀하신다. 그러나 회개하면 살아난다는 것이다. 요일 1:7, "우리가 죄를 자백하면 모든 불의에서 깨끗하게 하신다"고 하였다. 사울 왕이나 에서나 가룟 유다에게는 회개할 기회가 없었다. 그러나 하나님은 지금 사데 교회에 회개의 기회를 주시고 계신다. 이것이 복음이다.

2. 남겨두시는 것이 복음

아합 왕이 통치하던 시기에 바알에게 무릎을 꿇지 아니한 7,000명을 남겨두었다고 한 것처럼 사데 교회에도 흰 옷 입을 자를 남겨두시고 그 옷을 더럽히지 아니한 자를 남겨두심이 복음이다.

사 6:13, "그 중에 십분의 일이 아직 남아 있을지라도 이것도 황폐하게 될 것이나 밤나무와 상수리나무가 베임을 당하여도 그 그루터기는 남아 있는 것같이 거룩한 씨가 이 땅의 그루터기라 하시더라."

3. 생명책에 기록됨이 복음

아담 안에 있는 모든 자는 다 타락한 인간들이다. 그 타락한 인간에게 최고의 축복이 무엇이겠는가? 생명책에 기록되는 것이 최고의 복이다.
주님께서는 약속하시기를 땅에서의 갖가지 기적이나 능력의 나타남보다 하나님 나라에 그 이름이 기록됨으로 말미암아 감사하라고 하셨다.

눅 10:20, "그러나 귀신들이 너희에게 항복하는 것으로 기뻐하지 말고 너희 이름이 하늘에 기록된 것으로 기뻐하라."

결론

오늘, 우리가 살고 있는 현실은 사데 교회와 같다. 우리가 살다가 지은 잘못된 죄악들을 철저히 회개하는 것만이 사는 길이다. 그리고 주님께서 우리가 더럽혀지지 아니하도록 남겨주시고 흰옷으로 덧입혀 주심을 기억하고 살아야 하겠다. 또한 우리의 이름이 생명책에 기록됨을 감사하면서 승리의 삶을 살아가자!

9과_ 빌라델비아 교회에 나타난 복음

본문_ 계 3:7-13

서론

빌라델비아 교회에 나타난 하나님은 어떤 분이신가? 거룩하시고 진실하시며 열쇠를 가지신 분으로 곧 열면 닫을 사람이 없고, 닫으면 열 사람이 없는 전능하신 하나님이시다.

1. 칭찬받은 빌라델비아 교회

빌라델비아 교회는 작은 능력을 가졌으나 주님의 말씀을 지키며 배반하지 않은 교회로 주님께서 이들을 얼마나 사랑하시는가를 알게 해주시겠다고 하셨다. 그리고 "네가 나의 인내의 말씀을 지켰은즉 내가 너를 지켜 시험의 때를 면하게 하리라."고 약속하셨다. 또한 "네가 가진 것들을 굳게 잡아 아무도 네 면류관을 빼앗지 못하게 하리라."고 말씀하셨다.

2. 빌라델비아 교회에 내려진 책망

빌라델비아 교회는 유대인들을 허용하였다. 그런 빌라델비아 교회를 주님은 책망하시며 유대인이 유대인이 아니라 사탄의 모임이라고 하셨다.
마 16:23, 예수님은 베드로에게, "사탄아 내 뒤로 물러가라 너는 나를 넘어지게 하는 자로다 네가 하나님의 일을 생각지 아니하고 도리어 사람의 일을 생각하는도다."라고 하신 말씀을 비추어 알 수 있듯이 앞에 말한 사탄의 회가 어떤 특정한 형상이 있는 사탄이 아니라 누구든지 하나님의 일을 거역하는 자가 다 사탄이 될 수 있다는 것을 의미한다.

3. 빌라델비아 교회에 주신 복음

"성전의 기둥이 되게 하리라."고 약속하신 것이 복음이다. 기둥은 그 건축물의 가장 중요한 부분으로 교회나 단체나 가정에서 중요한 위치에 있는 사람을 뜻한다. 예루살렘 교회의 기둥 같았던 야고보, 요한, 베드로와 같이 이기는 자를 하나님 성전에 기둥이 되게 하리라고 말씀하신 것이 복음이다.

"네 면류관을 빼앗기지 아니하는"것이 복음이다. 하나님 앞에서 받는 면류관의 종류가 많이 있다. 만약 그러나 이에 받은 면류관을 빼앗긴다면 얼마나 불행한가. 그러나 주님께서는 빌라델비아 교회에 약속하기를 네가 가진 것을 붙든다면 절대로 면류관을 빼앗기지 않겠다고 약속하셨다. 계 3:10에, 세상 모두 시험을 당할 때, 성경은 하나님께서 시험을 피할 길을 열어놓았다고 말씀하신다. 고린도전서에 보면 시험은 감당할 것만 시험하시며 반드시 피할 길을 주신다고 말씀하셨다. 이것이 복음이다.

결론

영적으로 어둡고 험한 현대를 살고 있는 성도들이 사탄의 유혹에 넘어가지 말고 오직 십자가로만 하나 되게 하시고, 성령의 도우심으로 시험을 이기게 하시고 복음 안에서 참된 승리자가 되기를 기도합시다.

10과_ 라오디게아에 주신 복음

본문_ 계 3:14-22

서론

라오디게아에 나타난 주님께서는 아멘이시요, 충성되고 참된 증인이시며, 창조의 근본이신 주님으로 나타나셨다. 이러한 주님께서는 "미지근하고, 네가 네 자신을 알지 못한다."며 라오디게아 교회에 책망하신다. 우리 모두 회개하고, 주님의 뜻을 분별하여 주님과 함께 먹고 마시고 더불어 승리하시기를 기원한다.

1. 너를 토하여 버리리라(계 3:16)

이 말씀이 라오디게아 교회 성도들에게는 복음이다. 라오디게아 교회 성도들은 자기 자신의 생활이 미지근하면서도 미지근한 줄 알지 못하고 살아갔다. 주님께서는 당시의 그리스도인들이나 지금의 우리들이 신앙생활을 뜨겁게 하기를 원하신다. 그럼에도 불구하고 그렇기 때문에 주님께서, "네가 차지도 아니하고 뜨겁지도 아니하다 너를 토하여 버리겠다."고 책망하시며 경고의 메시지를 보내셨다. 이 경고가 바로 라오디게아 성도들에게 복음이다. 그들이 회개하여 신앙생활을 정확하고, 충성스럽게 하도록 함이기 때문이다.

2. 권면이 복음이다(계 3:18)

표면적인 면만 부요한 라오디게아 교회에 주님께서 권면하셨다.

① 네게서 불로 연단한 금을 사서 부요하게 하라 하신다. 연단한 금은 영적으로 믿음을 상징한다. "믿음의 부자가 되십시오."

② 흰 옷을 사서 입어 벌거벗은 수치를 보이지 않게 하라 하신다. 벌거벗은 모습은 아무것도 가지고 있지 않은 모습으로 영적인 가난함과 헐벗음을 의미한다. 그러므로 거룩하고, 정결하고 깨끗한 옷을 입으라고 하신다. 영적인 의미로는 예수 그리스도께서 우리의 허물과 죄를 깨끗이 씻어주셨음을 뜻한다.

③ 안약을 사서 눈에 발라 보이게 하라 하신다. 안약은 영적인 의미로 회개하여 영안이 열려 하늘의 비밀을 보라는 의미로 라오디게아 성도들이 하늘의 비밀을 보기를 원하시는 예수 그리스도의 마음이다.

3. 문 밖에서 기다리는 주님이 복음이다(계 3:20)

미지근하다는 표현 속에는 '게으르다' 라는 의미가 있다. 주님은 라오디게아 교회를 사랑하시기 때문에 열심을 내라, 회개하라고 하셨다. 열심을 내어 항상 문 밖에서 기다리시는 주님의 음성을 듣고 문을 열어 주님을 마음으로 영접만 하면 주님과 더불어 먹고 마시며 함께 할 수 있는 복을 받는다.

결론

라오디게아 교회에 주신 복음은 회개하고 열심을 내어 주님의 음성을 듣고, 마음의 문을 열어 주님을 영접하라는 것이다. 그리고 그분과 더불어 함께 함으로 날마다 에녹처럼 동행의 삶을 살라고 하신다. 이러한 삶이 우리의 삶이 되기를 소망한다.

11과_ 열린 예배 1

본문_ 계 4:1-6

서론

요한이 보니 하늘에 열린 문이 있고, "내가 들은 바, 처음에 내게 말하던 나팔소리 같은 그 음성이 이리로 올라오라 이 후에 일어날 일들을 내가 네게 보이리라."고 하셨다.

1. 성령의 감동된 사도 요한

- 하늘의 보좌가 보여졌고
- 그 보좌 위에 앉으신 이가 있음을 보았다.
- 보좌에 앉으신 이의 모형이 보였고 → 벽옥과 홍보석과 또 무지개가 있었음을 보았다.
- 그 모양이 녹보석 같았다.
- 보좌에 둘려 24보좌들이 있고 그 보좌 위에 24장로들이 흰 옷을 입고 머리에 금관을 쓰고 앉아 있었다.

사도 요한은 성령에 감동되어 하늘나라를 보았다.

2. 보좌로부터 나온 것이 있었다.

- 번개와 우렛소리와 음성이 들리었다.
- 보좌 앞에 켠 등불 일곱이 있으니 이는 하나님의 일곱 영이었다.
- 보좌 앞에 모양은 수정 같은 유리 바다가 있고 가운데와 보좌 주위에

네 생물이 있는데 앞 뒤에 눈들이 가득하였다.

3. 본문에 나타난 복음은?

① 요한에게 보인 것이 복음이다.

그가 영적인 사람이 아니었다면 하늘의 문이 열린 것을 보았을까? 그는 열린 하늘을 보았다. 땅의 세계만 보다가 하늘의 세계를 볼 수 있었으니 그것이 요한에게 복음이다.

② 요한에게 성령 감동된 것이 복음이다.

하늘의 문이 열려지고, 그 세계의 모든 것을 보았다 할지라도 성령님이 없는 사람이라면 별 볼 일 없다. 그러므로 성령에 감동된 것이 요한에게 복음이다.

③ 또 하늘나라가 다 보이고 보좌에 앉으신 이와 24장로들이 보인 것들이 다 복음이다. 요한은 정말로 귀한 하나님의 나라를 보았다. 그리고 그들이 찬송하는 것을 보았다.

결론

계 4:1-6에 나타난 복음은 정말 귀한 것이다. 보좌를 볼 수 있고, 성령의 감동된 것이 복이다. 오늘, 우리에게도 하늘 문이 열린 것을 볼 수 있게 해 주시고 성령의 감동을 주시옵소서!

12과_ 열린 예배 2

본문_ 계 4:7-11

서론

하늘의 열린 문 안에서 나팔 소리 같은 음성이 있어 이르되 올라오라 하여 사도 요한이 보니 보좌에 앉으신 이가 있고, 그 앞에 24장로들이 보좌에 앉아 있고, 그 앞에 수정 같은 유리 바다가 있는데 그 가운데와 주위에 네 생물이 가득하더라.

1. 생물들의 모양(계 4:7)

① 첫째 생물은 사자 같고
② 둘째 생물은 송아지 같고
③ 셋째 생물은 얼굴이 사람 같고
④ 넷째 생물을 날아가는 독수리 같고
⑤ 네 생물은 각각 여섯 날개를 가졌고 그 안과 주변에 눈들이 가득하더라.

2. 찬송과 경배

① 네 생물의 찬송(계 4:8-9)

그들은 밤낮 쉬지 않고 찬송하기를, "거룩하다, 거룩하다, 거룩하다 주 하나님 곧 전능하신 이여 전에도 계셨고 이제도 계시고 장차 오실 이시라."하고 그 생물들이 보좌에 앉으사, 세세토록 살아계신 이에게 영광과 존귀와 감사를 돌리면서 찬송하였다.

② 24장로들의 찬송(계 4:10-11)

24장로들이 보좌에 앉으신 이 앞에 엎드려 살아계신 이에게 경배하고 자기의 관을 보좌 앞에 드리며 찬송하되 "우리 주 하나님이여 영광과 존귀와 권능을 받으시는 것이 합당하오니 주께서 만물을 지으신지라. 만물이 주의 뜻대로 있었고 또 지으심을 받았나이다."라고 찬송하였다.

3. 계시록 4장에 나타난 복음

① 요한에게 하늘이 열려 예배드리는 것을 볼 수 있게 하셨다. 그것이 복음이다. 예배를 어떻게 하는 것인지 알게 되었으니 말이다.

② 찬송과 경배가 복음이다. 천상에서의 열린 예배의 특징은, 주님을 찬송하는 것과, 경배하는 것이다. 하늘에서 찬송, 땅에서도 예배와 경배를 드리며 찬송하니 그것이 성도에게 복음이다.

③ 찬송과 경배를 오직 보좌에 앉으신 전능하신 하나님과 그의 어린 양이신 예수님에게만 드리는 것이 복음이다.

결론

오늘, 열린 예배의 성도들이 되자. 오직 주 예수 그리스도와 하나님 아버지께 찬송과 영광과 감사를 올려 드리되 벅찬 감동으로 예배를 드려, 큰 은혜 안에서 참된 승리자들이 되기를 기원한다.

13과_ 두루마리와 예수님

본문_ 계 5:1-8

서론

두루마리가 인봉되어 펴거나 보거나 할 자가 없었다. 사도 요한이 답답하여 울고 있을 때, 장로 중 하나가 어린 양 되신 예수 그리스도께서 이 문제를 해결해주실 것을 알려주었다.
두루마리는 하나님의 말씀으로 성도들은 그 말씀을 보고, 읽고, 지켜, 그 말씀대로 살아야 한다.

1. 두루마리를 볼 수 없어서 크게 울었다

계 5:1에서 사도 요한은 보좌에 앉으신 이의 오른 손에 안팎으로 썼고 일곱 인으로 인봉되어 있는 두루마리(성경책)를 보았다. 힘있는 천사가 큰 음성으로 "누가 이 두루마리를 펴며 그 인을 떼기에 합당할까"라고 외쳤다.
이때, 요한은 마땅한 사람이 보이지 않아 애타는 심령으로 크게 울었다. 그가 울었다는 것은 감정의 표현이다. 간절한 마음이 있기에 울 수 있으며 그의 울음 속에는 기도가 배여 있었다.

2. 장로 중 하나가 울지 말라.

장로 중 하나가 요한에게 "울지 말라"고 하였다. 이는 기도의 응답이며, 위로의 말이자 희망의 메시지이다. 두루마리 때문에 울고 있는 그에게 울지 말라고 한 것은 문제가 해결되어 두루마리를 펴서 볼 수 있게 되었다는 뜻이다. 장로는 울고 있는 요한을 위로하며 희망을 전달하였다.

3. 두루마리를 취함

어린 양이 나와서 두루마리를 취하심이 복음이다. 하나님의 아들이시자, 다윗의 뿌리에서 나타나신 어린 양은 곧 우리 구주 예수님으로 그 분을 통하여 두루마리(성경책)가 완성되고, 그 분을 통해서 성령이 이 세상에 오셨다. 두루마리는 있으나 그 내용을 볼 수 없었던 요한에게 어린 양이신 예수님은 복음이시다. 그러니 예수님이 복음이다.

결론

어린 양이신 예수님이 사도 요한에게 보여주신 것을 사모하자. 오늘날, 우리에게도 하나님의 나라와 복음을 보여달라고 기도하자. 그로 인해서 요한과 같이 체험적인 신앙을 갖고 주 안에서 승리하기 바란다.

둘째 묶음

계 5:9–12:6

14과_ 천상 예배자들의 모습

본문_ 계 5:9-14

서론

천상의 예배는 새 노래로 예배한다. 예배는 두루마리를 가지고 인봉을 떼시기에 합당한 어린 양이신 예수 그리스도를 찬양하는데서 시작되었다. 성도들과 천사들, 그리고 모든 피조물이 예배로 영광을 돌린다. 사도 요한이 본 천상의 예배에 대하여 구체적으로 살펴보기를 원한다.

1. 성도들의 예배

1) 예배하는 자

계 5:9, 네 생물과 장로들, 즉 성도들이 새 노래를 부르며 예배를 드렸다.

2) 예배를 받으신 분

우리의 죄와 허물을 담당하시고 일찍이 죽임을 당하신 어린 양 예수님과 우리 하나님으로 인생의 예배를 받으시기에 합당하신 분이시다.

3) 예배의 내용

예수님께서는 두루마리를 가지고 인봉을 떼기에 합당하시며 사람들을 자신의 피로 사서 하나님께 드리셨고, 우리를 나라와 제사장으로 삼으신 분이라는 찬양으로 경배가 시작되었다.

2. 천사들의 예배

1) 예배하는 자

계 5:11, 보좌와 생물들과 장로들을 둘러선 많은 천사들의 음성을 들으니

2) 예배를 받으신 분

계 5:12, 죽임을 당하신 어린 양(=예수님)

계 5:11, 보좌(=하나님)와

3) 예배의 내용

어린 양의 능력과 부와 지혜와 힘과 존귀와 영광과 찬송을 받으시기에 합당하신 분임을 찬양하였다.

3. 모든 피조물들의 예배

1) 예배를 드리는 자

계 5:13, 하늘 위와 땅 위와 땅 아래와 바다 위와 그 가운데 모든 피조물이 예배함

2) 예배를 받으신 분

계 5:13, 보좌에 앉으신 분(=하나님)과 어린 양(=예수님)께 예배

3) 예배의 내용

계 5:13, 찬송과 존귀와 영광과 권능을 세세토록 돌린다고 경배하였다.

결론

우리의 본분은 창조주 하나님을 기억하고 그 분께 찬양과 영광과 존귀를 받으시기에 합당하신 분으로 예배하며 찬양하는 것이다. 땅에서도 하늘에서도 예배함으로 날마다 영광을 돌리기 바란다.

15과_ 두루마리와 인봉 1

본문_ 계 6:1-8

서론

일곱 인으로 봉해진 두루마리(계 5:1)를 어린 양이신 예수님께서 떼실 때마다 각각 여러 가지 형태의 복음이 나타나고 있다. 그 복음을 살펴보고, 의미를 찾아서 우리에게 주어진 복이 무엇인지를 살펴보고자 한다.

1. 첫째 인을 떼실 때 나타난 복음

1) 두루마리와 그 두루마리가 인봉된 것이 복음이다.

두루마리는 성경, 즉 하나님의 말씀이며 복음이다. 인봉된 것은 성경 말씀, 즉 하나님의 말씀으로 허락된 자만 볼 수 있다. 사도 요한은 하나님의 말씀을 보고, 읽고 들을 수 있는 자가 복이 있다고 하였다.

2) 흰 말 탄 자가 활을 가지고 나옴은 복음이다.

흰 말이 나오고, 말을 탄 자가 활을 가졌고, 면류관을 받고 나아가서 이기고 또 이기려고 하였다. 이는 큰 승리의 축복이다.

2. 둘째 인을 떼실 때 나타난 복음

심판을 의미하는 붉은 말이 나오고, 그 붉은 말을 탄 자가 화평을 제하고 서로 죽이는 것은 전쟁을 의미한다. 영적 전쟁, 즉 죄와의 전쟁이다. 죄와 싸워서 이기는 방법은 오직 예수 그리스도를 통해서만 가능하다.

3. 셋째 인을 떼실 때 나타난 복음

"저울을 가졌더라." 이 말씀에서 저울이 복음이다.

다니엘 5장에 나타난 저울은 다리오 왕을 달아보고 모자란다고 하면서 심판의 도구로 쓰인 저울로, 물건뿐만 아니라 사람도 경중을 알아보는 도구이다. 인간은 이 심판 때문에 늘 고민하고, 할 수 있으면 선한 길로 가려고 노력하니 복음이다.

4. 넷째 인을 떼실 때 나타난 복음

사망이 복음이다. 범죄 한 인간은 그 죄로 말미암아 영원히 사망 곧 지옥을 가게 되는데 우리의 죄의 문제를 해결하기 위해 예수 그리스도가 우리의 죄와 허물을 담당하셨다. 그 예수님을 영접하여 사망권세를 이기고 승리하니 사망도 복음이다.

결론

예수님께서 인봉된 두루마리를 떼실 때마다 여러 가지 모양의 복음이 나타난 것처럼 우리 인생의 여정 속에서 환난과 핍박의 고비마다 나타난 복음 앞에서 늘 감사하며 참된 승리자가 되기를 기도한다.

16과_ 두루마리와 인봉 2

본문_ 계 6:9-17

서론

일곱 인으로 봉해진 두루마리(계 5:1)를 어린 양이신 예수님께서 떼실 때마다 각각 여러 가지 형태의 복음이 나타나고 있다. 앞 단원에 이어서 그 복음의 의미와 축복을 살펴보고자 한다.

1. 다섯째 인을 떼실 때 나타난 복음

1) 죽임을 당한 것이 복음이다.

계 6:9의 영혼들은 하나님의 말씀과 그들이 가진 증거들(신앙의 간증)로 인해 죽임을 당했다. 순교는 복음이며 놀라운 하나님의 축복이다.

계20:4, 순교당한 자들이 그리스도와 더불어 천 년동안 왕 노릇하리니

2) 큰 소리로 불러 이르러, 이것이 복음이다.

큰 소리로 부르는 것은 성도들의 기도이며 복음이다. 그들의 기도의 내용은 '우리 피 값을 언제까지 갚아 주시렵니까?' 로 그것이 복음이요, 축복이다.

3) 죽임을 당한 자들의 수가 차기까지 쉬고, 기다림이 복음이다.

하나님의 말씀과 그 증거들로 인한 죽음은 최고로 영광스러운 순교인데 그 순교자들의 수가 차기까지 기다림이 복음이며 축복이다.

2. 여섯째 인을 떼실 때의 복음

1) 큰 지진이 나며 해가 검어지고 달이 온통 피 같은 것이 복음이다.

두루마리 인을 떼실 때 천국의 비밀이 알려지니 천지가 뒤바뀌고 새로운 평화와 질서가 생기니 복음이요, 복이다.

2) 하늘의 별들이 떨어지는 것이 복음이다.

하늘의 별(교회 사자들임)이 떨어지는 것은 마지막 심판이 가까이 와서 성경 말씀이 이루어지는 말세의 현상으로 그것이 복음이다.

3) 어린 양의 진노가 복음이다.

어린 양 되신 예수 그리스도가 우리를 우리의 죄와 허물에서 구원하셨으나 그리스도의 진노는 거룩한 진노, 복되신 진노이다. "진노의 큰 날이 이르렀으니 누가 능히 서리요" 하더라.

결론

하나님께서 비밀로 감추어두신 두루마리 인이 하나하나 떼어질 때마다 하늘의 비밀이 세상에 알려지며 그 비밀로 구원 받은 식구가 점점 많아지고 있다. 우리 모두 복음의 비밀을 간직하고, 어떤 고난이나 핍박이나 환란이 와도 주 예수님의 이름으로 승리하는 삶을 살아가자.

17과_ 십사만사천 명
본문_ 계 7:1–8

서론

한국 교회에서는 십사만사천 명에 대한 많은 오해로 피해를 입어왔다. 십사만사천 명의 개념에 대한 잘못된 인식으로 큰 혼란에 빠져서 때로는 시한부 종말론으로 교계를 혼란에 빠지게 하기도 하고, 신천지로 교계에 문제가 심각하며, 이전의 전도관에도 여러 문제점들이 있다.

1. 십사만사천 명이 나온 배경

본문에서 사도 요한은 천국 인침을 받은 자의 수가 들렸다고 하였다. 이스라엘 자손의 각 지파 중에서 인침을 받은 자가 십사만사천 명이라고 기록한데 기인하고 있다.
구체적으로, 계 7:5–8에는 이스라엘의 각 지파별로 일만이천 명이라고 기록되어 있다.

2. 십사만사천 명이 갖는 의미

십사만사천 명은 구원 받은 수를 나타내고 있다. 그러므로 성도인 우리의 입장에서는 매우 중요한 수이다. 성경(계시록)을 문자적으로 해석하든지 비유나 은유적으로 해석하든지 구원 받은 수를 가리키고 있는 것이다. 그렇기 때문에 십사만사천 명이 갖는 의미는 매우 크다.

3. 십사만사천 명은 누구를 의미하는가?

먼저, 십사만사천 명이 구원 받은 사람들의 전체 수가 아니라 유대인들 중에서 구원 받은 수라는 것을 말하고 있다.
계 7:9에, '이 일 후에 내가 보니' 는 계 7:5-8을 말하며, 유대인들의 지파별로 구원 받은 수가 십사만사천 명을 의미하고 있다.
"그 일 후에 요한이 보니 각 민족과 족속과 백성과 방언에서 아무도 능히 셀 수 없는 큰 무리가 흰 옷을 입고 손에 종려가지를 들고 보좌 앞과 어린 양 앞에 서서 큰 소리로 외치는" 장면이 나온다.
이렇듯이 구원 받은 수에는 두 종류가 있다. 첫째는 유대인이요, 둘째는 셀 수 없는 큰 무리가 있다고 증언하고 있다.

결론

이방인인 우리에게는 구원 받은 수가 제한되어 있지 않다. 이 사실을 분명히 알라. 이것이 복음이다.
부지런히 복음을 전하여 믿는 자가 더욱 많아지기를 소원하며, 죽어가는 영혼을 위하여 기도하고 전도하여, 가족 구원과 민족과 나라를 구원하는 성도로 살아가기를 기도한다.

18과_ 천상의 예배

본문_ 계 7:9-17

서론

천상에서 흰 옷 입은 사람들에는 두 종류가 있다.
첫 번째 흰옷 입은 사람은 십사만사천 명이고, 두 번째로 흰옷 입은 사람은 능히 셀 수 없는 무리이다.
첫 번째 십사만사천 명은 유대인들 중에서 구원 받은 수라면, 두 번째 무리는 각 나라와 족속과 방언에서 나온 큰 무리이다. 이들은 천상에서 무엇을 하였을까?

1. 예배에 필요한 준비물

흰 옷을 입어야 한다. 흰옷은 청결한 삶을 가리킨다. 죄로 말미암아 더러워진 옷은 예수 그리스도로 깨끗이 씻어서 정결하고, 깨끗하게 하여 빛나는 세마포 옷이어야 한다.
손에 종려가지를 가지고 있어야 한다. 역시 종려가지는 인생을 살아오면서 얻어진 삶의 태도이다.
하나님 보좌 앞과 어린 양 되신 예수 그리스도 앞에 서야 한다. 우리의 예배의 대상은 보좌에 앉으신 하나님이요, 어린 양 되신 예수 그리스도이기 때문이다.

2. 예배하는 자세

큰소리로 찬양을 해야 한다. 그 내용은 '구원하심이 보좌에 앉으신 우리 하나님과 어린 양에게 있도다' 라고 하나님을 높이고 그에게 영광을 돌려야 한다.

예배하는 자들은 흰옷 입은 자와 모든 천사와 장로들과 네 생물들의 주위에 서 있다가 보좌에 엎드려 얼굴을 대고 하나님께 경배하였다.

"아멘과 찬송과 영광과 지혜와 감사와 권능과 힘이 우리 하나님께 세세토록 있을지어다 아멘" 하더라.

3. 예배하는 자들

장로 중 하나는 흰옷 입은 자들이 누구이며 어디서 왔는지 물었다. 그들은 큰 환란에서 나온 자들이며, 어린 양의 피로 그의 옷을 깨끗이 씻어 희게 된 자들이다. 그들은 하나님의 보좌 앞에 있고, 그의 성전에서 밤낮 하나님을 섬기는 놀라운 축복을 받았다.

결론

주님은 천국에 온 자들에게 다시는 주리지도 아니하며 목마르지도 아니하고 해나 아무 뜨거운 기운에도 상하지 아니하며 하나님께서 그들의 눈에서 눈물을 씻어 주실 것을 약속하셨다.

이 땅을 떠나 눈물이 없고, 고난도 없고, 배고픔도 없는 아름다운 천국에서 만나자.

19과_ 일곱째 인을 뗄 때의 복음

본문_ 계 8:1-5

서론

요한이 보는 가운데, "마지막 일곱째 봉한 인을 뗄 때에 하늘이 반시쯤 고요하더니 하나님 앞에서 일곱 천사가 일곱 나팔을 받았더라. 또 다른 천사가 와서 제단 곁에 서서 금향로를 가지고 많은 향을 받으니 이는 모든 성도의 기도와 합하여 보좌 앞 금 제단에 드리고자 함이라."
향연이 성도들의 기도와 함께 천사의 손으로부터 하나님께 올라가는지라. 항상 주님의 사랑은 복음으로 나타난다.

1. 인을 떼는 것이 복음

하나님의 말씀이 두루마리가 일곱 인으로 봉함되어 그것을 뗄 자가 없어서 울고 있을 때, 어린 양 되신 주님께서 그 인을 떼신다고 하여 첫째부터 여섯째까지는 다 떼었고, 본문은 일곱 번째 인을 뗄 때의 상황을 기록하고 있다.
마지막 봉한 인을 떼는 것이 복음인데 감추어진 하나님의 말씀이 드러나기 때문이다. 즉 봉한 말씀이 세상에 나타나는 것이 복음이다. 우리 마음속에 하나님의 비밀의 말씀이 열려지기 때문이다.

2. 천사들이 나팔을 받은 것이 복음

천사들은 하나님 나라의 심부름꾼이다. 그들이 나팔을 받았다는 것은 자기들에게 주어진 사명을 다하기 위함에서였다. 나팔은 사람들에게 경고의 메시지를 전할 때 쓰이기도 하고, 중요한 내용을 전달하기 위한 수단으로 쓰인다. 이것이 나팔의 사명이다. 이 사명을 감당할 천사에게 나팔이 주어졌으니 그것이 성도들에게 복음이다.

3. 천사가 금 향로를 가졌으니 복음

계 5:8, "천사가 금향로를 가지고 많은 향을 받으니 그 향은 성도들의 기도들이라."

천사가 금향로로 받은 향연과 성도들의 기도를 제단에 드리자, 향연이 기도와 함께 하나님 앞으로 올라갔다. 지상에서 성도들이 열심히 기도하면 하나님께 올라가는 사실을 본문에서 가르쳐 주시니 복음 중의 복음이다.

결론

두루마리의 마지막 일곱 번째 인을 떼신다는 것은 하나님의 말씀이 숨기어져 있지 아니하고 다 나타났다는 의미이다. 그러므로 하나님의 말씀을 부지런히 먹고, 그 말씀으로 인하여 회개하고, 천국에 대한 새로운 꿈을 꾸며 어떤 핍박도 이기어 승리하는 믿음의 사람들이 되기를 바란다.

20과_ 나팔과 재앙

본문_ 계 8:6-13

서론

옛날부터 나팔은 군대에서 군인들을 움직이는데 사용한 군호이다. 계시록에 나타난 나팔들의 의미도 다르지 않다. 천사가 나팔을 가지고 있으며, 그들은 주님의 명령을 기다리며 나팔을 불 준비가 되어 있다. 이것은 하나님 나라의 군대를 움직이려는 하나님의 계획이라고 생각할 수 있다. 마지막 때에 이 세상을 심판하실 때, 그 심판들은 나팔소리가 나고 들릴 때 천국 천사들이 움직일 것이다.

1. 땅에 대한 심판

범죄한 땅을 심판하시는데 지구 전체 중에서 삼분의 일이 불에 타버리거나 망하게 되어서 수목과 각종 푸른 것이 다 타버린다. 그것은 하늘에서 피 섞인 우박과 불이 나와서 땅에 쏟아졌기 때문이다. 출애굽 당시에도 우박재앙이 있었다. 푸른 나무와 채소와 곡식이 무르익어 갈 때 내렸던 재앙이다. 지금도 종종 우박재앙이 내려지기도 한다. 그러므로 우리는 늘 깨어 기도함으로써 재앙에서 승리하자.

2. 바다에 대한 심판

불 붙은 큰 산과 같은 것이 바다에 던져지매 바다의 삼분의 일이 피가 되고, 바다 가운데 생명을 가진 피조물의 삼분의 일이 죽고, 배의 삼분의 일이 깨어진다. 출애굽 때에도 나일강을 피로 변하게 하여 각종 물고기와 어족들이 죽임을 당했었다. 마지막 때도 피 재앙으로 바다 물고기 삼분의 일이 먼저 죽임을 당한다. 깨어 기도하고, 준비하자.

3. 하늘에 대한 심판

> "횃불 같이 나는 큰 별이 하늘에서 떨어져 강들의 삼분의 일과 물 샘에 떨어지니 이 별 이름은 쓴 쑥이다. 물의 삼분의 일이 쓴 물이 되므로 많은 사람이 죽었더라."

하늘에서 별이 떨어진다고 했다. 별은 교회의 사자이다. 쑥 먹은 별이란 잘못된 사상으로 무장한 거짓 목회자들로 삼분의 일이 떨어졌다. 마지막 때에 목회자들의 형편을 엿볼 수 있는 대목으로 목회자들이 먼저 회개하고 돌아와야 한다.

> "해 삼분의 일과 달 사분의 일 별들의 삼분의 일이 어두워지고 낮 삼분의 일이 비춤이 없고 밤도 그러하더라."

말씀과 복음을 전하는 자들의 삼분의 일이 타락할 것을 암시하고 있다. 깨어서 복음 안에서 오늘도 승리하자.

결론

마지막 때 세상의 종말이 올 때, 처음부터 땅과 바다와 강물과 샘 그리고 하늘의 별들과 해와 달도 모두 삼분의 일씩 망하고 재앙으로 저들을 징계하는 모습을 본다. 이는 회개하고 오직 주 예수님만 우리의 구주시며 참된 승리자이심을 믿고 그 분만 의지할 것을 보여주는 메시지이다.

21과_ 다섯 번째 나팔 소리의 위력

본문_ 계 9:1-12

서론

다섯 번째 천사가 나팔을 불 때, 하늘에서 땅으로 떨어지는 별 하나가 있는데 그가 무저갱의 열쇠를 받아 여니 구멍에서 큰 화덕의 연기 같은 연기가 올라와 해와 공기가 그 구멍의 연기로 인해 어두워졌다. 또 황충이 연기 가운데로부터 땅 위에 나와 그들이 땅에 있는 전갈의 권세를 받았다.

1. 무저갱의 열쇠를 주신 이가 황충에게 명령함

- 심판의 기준: 이마에 인침을 받지 아니한 자만 해하라.
- 심판의 방법: 죽이지 말고 다섯 달 동안 괴롭게 하라.
- 고통의 척도: 전갈이 사람을 쏠 때에 괴롭게 함과 같은 정도

지금, 우리가 당하는 재난은 끝이 아닌 재난의 시작이라고 하였다.

2. 그 날에는(심판의 날), 계 9:6

그날에는 죽고 싶을 만큼 큰 고통으로 고통이 더하여 죽기를 구하나 죽지 아니하고 고통만 더해질 것을 말씀하고 있다.

또한 강력한 통치권을 가진 황충의 모습이 나오는데 이는 전쟁을 준비하는 말과 같다고 하였다. 황충의 외형 묘사는 방어용 무기와 공격용 무기 등으로 표현되며 황충은 사람들을 해하는 권세를 가졌다.

3. 무저갱의 사자(파괴자)

사람을 해하는 자들의 왕은 무저갱의 사자로, 히브리어로는 아바돈, 헬라어로는 아볼루온이다. 계 9:12에 보면, 다섯 번째 천사가 나팔을 불고 난 후에, 일어난 재난이 끝이 아니고 이후에도 두 번이나 남았다고 한다. 당하는 것이 얼마나 무섭고 처참하게 파괴될 것을 알려주는 말씀이다.

결론

'심판의 날' 이라는 단어만으로도 우리는 두려움을 갖게 된다. 그러나 이 날은 불신자들이 심판을 받는 날이고 우리에게는 확인을 받는 날이다.
요 5:24, "예수 그리스도를 영접한 자 곧 성령에 인침 받은 자는 사망에서 생명으로 옮겼느니라."고 하였다.
계 9:4, 심판은 이마에 하나님의 인침이 없는 사람들에게만 해당된다고 하였다. 우리는 이미 우리의 이마에 하나님의 인침이 있으므로 염려할 것이 없다. 믿음으로 승리하는 삶을 살기 바란다.

22과_ 여섯 번째 나팔소리

본문_ 계 9:13-21

서론

다섯 번째 나팔소리로 말미암아 재앙이 내린 후에도 끝이 아니고, 화가 두 번이나 남았다고 계 9:12에 말씀하고 있다. 여섯 번째 나팔을 가진 천사가 나팔을 부니 예언된 재앙이 시작된다. 나팔 소리가 나니 하나님 앞 금 제단 네 뿔에서 "큰 강 유브라데에 결박당한 네 천사를 놓아 주어라"는 음성이 들렸다. 이에 네 천사가 놓였고, 그들은 그 년, 월, 일, 시에 이르러 사람 삼분의 일을 죽이기로 준비된 자들이었다.

1. 네 천사의 정체

"네 천사는 악한 마귀들을 통해 두 가지 재앙으로 사람 삼분의 일을 죽이더라."

천사는 하늘나라에서 하나님이 부리시는 영적인 것으로 각 분야가 있다. 본문에 나타난 악한 영들을 부리는 네 천사는 악마를 부리고 관리하는 책임을 맡은 천사이다. 결국은 악한 영들도 일정한 부분 하나님의 허락이 있어야 움직인다.

2. 세 가지의 재앙

환상 가운데 보니 불빛과 자줏빛과 유황빛 호심경을 입은 자들이 말을 타고 있고. 그 말들의 힘은 입과 꼬리에 있었다. 말들의 머리는 사자 머리 같고 그 입에서 불과 연기와 유황이 나왔다. 불과 유황은 무엇이든지 태워버리며 연기는 사람을 질식시킨다. 말들의 입에서 나오는 불과 연기와 유황, 이 세 가지 재앙으로 사람 삼분의 일이 죽임을 당한다. 또한 말들의 꼬리는 뱀과 같고 그 꼬리에 머리가 있어 이것으로도 사람들을 해한다.

3. 살아남은 자들의 형편

재앙으로 죽임을 당하지 아니한 사람들 삼분의 일의 운명도 죽은 자들 못지 않게 고통을 당하고 죄에 빠져 산다. 그들은 손으로 행한 일을 회개하지 아니하고 오히려 여러 귀신과 우상에게 절하고 살인과 복술과 음행과 도적질을 회개하지 아니한다.

재앙으로 삼분의 일이 죽임을 당하여도 악한 세대는 회개하지 아니하고 하나님을 더 싫어하고, 우상을 섬기는 악을 행하는 모습은 이 시대를 사는 우리들에게 경종을 울린다.

결론

계시록은 하나님을 떠나거나 배교한 자들이 어떻게 고통을 당하며 심판을 받는가를 우리에게 쉽게 가르쳐 주시고 보여주는 말씀이다. 이 말씀을 반면교사로 삼아 우리 스스로 신앙을 점검하고 믿음의 경주를 끝까지 완주하자. 그러므로 두려워하지 말자. 이 땅에서 힘들고 조금 어렵더라도 매일매일 삶 속에서 주님과 동행하고, 구원을 이루어 가는 선한 성도들이 다 되기를 바란다.

23과_ 천사와 작은 책

본문_ 계 10:1-11

서론

사도 요한은 힘 센 다른 천사가 구름을 입고 하늘에서 내려오는 것을 보았다. 천사의 머리 위에는 무지개가 있고 얼굴은 해 같고 발은 불기둥 같고 오른 발은 바다를, 왼 발은 땅을 밟고 있다고 묘사하였다. 그 천사의 손에는 작은 두루마리가 있고, 천사는 사자가 부르짖는 것 같이 큰 소리로 외쳤다.

이때, 일곱 우레가 소리를 내어 말하자 요한은 이를 기록하려고 했다. 그러나 하늘에서 "일곱 우레가 말한 것을 인봉하고 기록하지 말라"는 음성이 들렸다. 이후에, 천사는 창조주를 가리켜 맹세하여 지체하지 않겠다고 말하였다.

1. 일곱 천사가 소리 내는 날

일곱째 천사가 나팔을 불려고 할 때에 하나님께서 그의 종 선지자들에게 전하신 복음과 같이 하나님의 그 비밀이 이루어지리라 하였다.

"하늘에서 내게 들리던 음성이 내게 말하여 이르되 천사의 손에 있는 두루마리를 가지라"고 하여 요한 사도는 명령을 따라 말씀을 받으려고 나아갔다.

2. 요한이 천사에게 나아가자

천사는 작은 두루마리를 달라고 하는 사도 요한에게 천사가 이르되 갖다 "먹으라"고 하였다. 요한이 천사의 손에서 작은 두루마리를 갖다 먹으니 입에는 꿀 같이 달지만 먹은 후 배에서는 썼다.

하나님의 말씀을 들을 때에는 꿀송이처럼 입에는 달지만 그 말씀을 지켜 행하며 살기는 어려움으로 배에서 쓰다고 하였다.

3. 많은 백성과 나라와 방언과 임금에게 다시 예언하여야 하리라

천사는 사도 요한에게 많은 백성과 나라와 방언과 임금에게 다시 예언할 것을 말하였다. 이는 복음이 온 세상에 전파될 것을 말씀하신 것이다. 마 24:14, 모든 민족과 족속에 복음이 전파되었을 때 세상의 종말이 온다고 했다. 그러므로 땅 끝까지 복음을 전파하기 위하여 먼저 믿는 성도들은 이를 사명으로 삼고 복음 전파에 앞장서야 한다.

결론

작은 책(성경 말씀)은 하나님의 말씀이다. 천사들이 함부로 할 수 있는 것이 아니다. 비록 천사라 할지라도 하나님의 말씀을 함부로 다루지 못한다. 하나님께서 인봉된 작은 두루마리 성경 말씀은 어린 양이신 예수 그리스도만이 말씀을 펼칠 수 있다. 그 말씀을 사람에게 주신 것이다. 성도된 우리에게는 땅에서 살지만 하나님의 말씀을 읽고 듣고 지킬 수 있는 놀라운 특권이 주어졌으니 큰 복이다.

24과_ 두 증인

본문_ 계 11:1-14

서론

두 증인에 관한 말씀을 계시록에서는 어떻게 말하는가를 살펴보기 원한다. 사도 요한이 증언한 내용을 살펴보니 주님께서는 요한에게 지팡이 같은 갈대를 주며 말씀하기를 성전과 재단과 그 안에 경배하는 자를 측량하라, 그러나 성전 바깥 마당은 측량하지 말라고 하셨다. 그 이유는 이방인에게 주어진 곳이며, 42개월 동안 짓밟힐 곳이기 때문이라 하셨다.

1. 두 증인에게 권세를 줌

1) 그들은 굵은 베옷을 입고(회개하면서) 1260일을 예언할 것이다.

2) 두 증인은 이 땅의 주 앞에 서 있는 두 감람나무와 두 촛대이다.

감람나무는 기름, 즉 성령의 기름을 상징하고, 촛대는 성도들의 행실, 즉 세상을 밝히는 촛대를 말한다.

2. 두 증인을 해하고자 하면 저주를 받을 것임

1) 만일 … 하려 하면 그들의 입에서 불이 나와서 원수들을 삼켜버린다.

2) 만일 두 증인을 해하고자 하면 누구든지 죽임을 당할 것이다.

3. 두 증인

그들은 권능을 가지고 하늘 문을 닫아

1) 예언하는 날 동안 비가 오지 못하게 하고

2) 물을 피로 변하게 하고

3) 아무 때든지 원하는 대로 여러 가지 재앙으로 땅을 칠 것이다.

4. 두 증인이 증언을 마칠 때에까지(7)

1) 무저갱에서 올라오는 짐승이 그들과 전쟁을 일으켜 그들을 이기고 그들을 죽일 터인즉 시체가 그 성읍에 있으리니

2) 이 성읍은 소돔이라고도 하고 애굽이라고도 하니 곧 주께서 십자가에서 못 박힌 곳이라

3) 그 시체들은 삼일동안 장사되지 못하게 할 것이다.

4) 두 증인(선지자)이 땅에 사는 자들(불신자들)을 괴롭게 한 고로 땅에 사는 자들이 그들의 죽음을 즐거워하고 기뻐하며 서로 예물을 보내리로다 하니라.

5. 생기를 불어 넣으시는 하나님

1) 두 증인에게 하나님이 생기를 불어 넣으시니 그들이 발로 일어서니 구경하는 자들도 두려워하더라.

2) 하늘로부터 큰 음성이 있어 이리로 올라오라 함을 그들이 듣고 구름을 타고 하늘로 올라가니 그들의 원수들도 구경하더라.

3) 그 때에 지진이 나서 성 십분의 일이 무너지고 지진에 죽은 자들이 칠천명이다. 남은 자들이 두려워하여 영광을 하나님께 돌리더라.

결론

마지막 때의 일이다. 두 증인은 선지자이며 복음을 전하는 자들이다. 하나님께서는 성도를 끝까지 책임지고 능력과 권능을 주시는 분이시다. 이 땅의 재난으로 경고함을 받아 큰 어려움이 올지라도 하나님을 의지하여 참고 인내하는 성도는 마지막 날에 승리자가 될 것이다.

25과_ 마지막 나팔소리

본문_ 계 11:15-19

서론

일곱째 천사가 나팔을 불매 하늘에서 큰 음성이 나서 "세상 나라가 변하여 주와 그리스도의 나라가 되더라. 그리스도가 세세토록 왕 노릇하리로다."라고 말했다. 또 24장로가 하나님 보좌 앞에서 엎드려 얼굴을 땅에 대고 경배하였다.

1. 장로들이 경배한 하나님

24장로들은 옛적에도 계시고 지금도 계셔서 영원하시고 전능하신 하나님께 경배하였다. 또한 처음이자 마지막이신 하나님, 알파와 오메가이신 하나님, 시작과 끝이신 하나님을 강조하고 있다. 이는 인생을 심판하실 때 처음부터 마지막까지 다 듣고 알고 계셔서 심판의 주로 손색이 없음을 알려준다.

2. 이방들의 분노

계 11:18, "이방들이 분노하매 … "

여기에서 왜 이방들은 분노하였을까?

결국 이방들은 하나님의 심판을 견딜 수가 없었기 때문이다. 주의 진노가 내려 죽은 자를 심판하신다.

구약의 이방은 민족적 이방 즉 혈통을 중요하게 여겼지만 신약의 이방은 믿음을 중요시 한다. 믿지 않는 불신자를 이방인들이라고 본다.

3. 상급이 약속됨

이방과 반대되는 개념은 성도이다. 하나님께서는 종들과 선지자들과 성도들에게 상 주실 것을 약속하셨다.

> 히 11:6, "하나님께 나아가는 자는 반드시 그가 계신 것과 또한 그가 자기를 찾는 자들에게 상 주시는 이심을 믿어야 할지니라."

주님께서는 상 주실 조건을 제시하셨다. 작은 자나 큰 자가 기준이 아니고 주의 이름을 경외하는 자들에게 상을 주신다고 하셨다. 상 받을 사람들의 기준이 서 있다.

> 계 22:12, "내가 속히 오리니 내가 줄 상이 내게 있어 각 사람에게 그가 행한 대로 갚아 주리라."

결론

사도 바울은 딤후 4:8에, 의의 면류관이 예비되어 있다고 하였다. 또한 그 날에 자신에게 주어질 것이며 자신 뿐만 아니라 주의 나타나심을 사모하는 모든 자에게 주어질 것임을 기록하였다. 주님은 바울을 통해서도 우리에게 말씀하신다. 마지막 때에 주 곧 의로우신 재판장께서 의의 면류관을 준비하셨다. 면류관은 주께서 다시 오실 것을 기다리는 모든 성도에게 주어질 것이다. 성도의 마지막은 두려움이 아니라 영광과 면류관이다.

26과_ 복음시대의 도래
본문_ 계 12:1-6

서론

요한이 보니 하늘에 큰 이적이 1차, 2차로 보였다. 첫 번째 이적은 해를 옷 입은 한 여자가 있는데 그 발 아래에는 달이 있고, 그 머리에는 열두 별의 관을 쓴 모습이다. 여기에 나오는 여자는 메시아를 잉태한 여자로 표현된다.

본문이 들어있는 계시록 12장에서 25절에서는 태어난 아이를 이는 '장차 철장권세를 가진 자' 이며, '만국을 다스릴 남자' 이며, 그 아이는 "하나님 앞, 그 보좌 앞으로 올라가더라"고 태어날 아이에 대해서 표현하고 있다.

1. 또 다른 이적

요한은 하늘을 보고 또 다른 이적을 보았다.

- 한 큰 붉은 용이 있었다.
- 그 용은 머리가 일곱, 뿔이 열 개이며, 그 여러 머리에 일곱 왕관이 있었다.
- 그 꼬리가 하늘의 별 삼분의 일을 끌어다가 땅에 던졌다.
- 용이 해산하는 여자 앞에서 그 해산하는 아이를 삼키려 하였다.

2. 메시아의 출생

여자가 아이를 낳으니, 이는 이스라엘 백성 가운데서 메시아인 예수 그리스도의 출생을 말한다. 그는,

– 장차 철장권세로 만국을 다스릴 자이며

– 이 아이는 하나님 앞과 그 보좌 앞으로 올라간다.

3. 메시아의 양육

그 여자가 광야로 도망하매 그 곳에서 3년 6개월 동안 그를 양육하기 위하여 하나님께서 예비하신 피난처에 머물렀다. 주님께서는 항상 예비하신다. 또한 만약 전투가 벌어지면 어느 곳에 있든지 주님께서 항상 동행하신다. 승리의 그 날까지 싸우고, 또 싸우고, 마지막 천국 갈 때까지 하나님께서 보호해주시는 은혜로 살자.

결론

약속된 메시아가 이 땅에 오실 때, 수많은 고난과 핍박이 있다. 우리는 재난의 시대에 또 다른 재난의 소식을 듣는다. 주님께서는 마지막 때에 그렇게 될 것이라고 예언하시고 이는 끝이 아니요 시작이라고 말씀하신다. 모든 성도들이여, 세상의 재난을 보면서 주님 오실 때가 가까웠음을 알아 그 때까지 잘 참고 인내로 승리합시다.

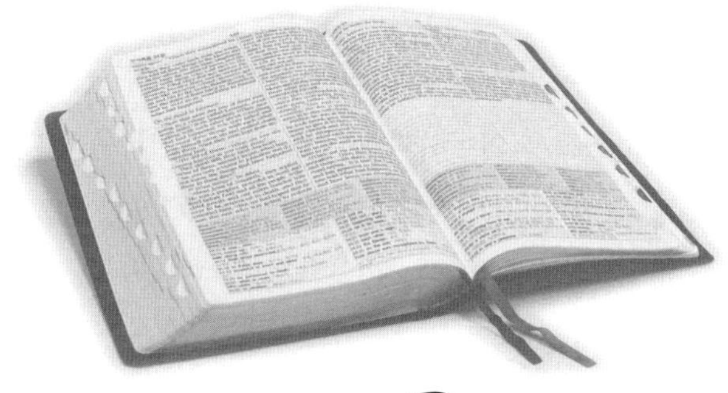

셋째 묶음

계 12:7–16:21

27과_ 하늘에서의 전쟁

본문_ 계 12:7-12

서론

하늘에서의 전쟁은 우리가 조심히 접근하지 아니하면 큰 문제가 생긴다. 하늘은 여기에서 천국을 의미하지 않는다. 만일, 천국을 의미한다면 첫째 마귀도 천국에 갈 수 있다는 모순이 생긴다. 여기에서 하늘은 단순히 공중으로 보아야 할 것이다.

1. 싸움의 장소

계 12:7에서 말하고 있는 싸움은 영적인 싸움이다. 그리고 이 싸움이 벌어지고 있는 장소는 하늘이다. 여기에서의 하늘은 영원한 천국이 아니고 땅도 아닌, 하늘 즉 공중으로 보아야 할 것이다. 혹은 우주 어느 공간이라고도 할 수 있다. 다만 영원한 천국은 아니다.

천사장 중에서 하나인 미가엘이 용과 그의 사자들과 더불어 싸웠다. 계 12:9에서 "큰 용이 내어 쫓기니 옛 뱀, 곧 마귀라고 하고 사탄이라고도 하며 온 천하를 꾀는 자"라고 용을 설명하고 있다.

2. 하늘에서 내 쫓기니

계 12:9(하)에서 내쫓겨났다는 것은 전쟁에서 졌다는 말이다. 천사와 싸워서 지는 것이 당연한 것이다. 쫓겨날 때, 혼자가 아닌 그와 함께 있던 졸개들, 사자들도 함께 쫓겨났다.

그러나 한편으로 그 요물들이 쫓겨 땅으로 지구에 왔으니 이 땅이 요란할 수밖에 없다.

3. 사도 요한이 들어보니

하늘에 큰 음성이 있었다.

① 하나님의 구원과 능력과 나라와 예수 그리스도의 권세가 나타나 형제를 참소하던 자가 쫓겨났고

② 우리 형제들이 어린 양의 피와 자기들이 증언하는 말씀으로 그를 이겼다.

③ 이김의 기쁨으로 하늘과 그 가운데 거하는 자들이 즐거워한다.

④ 그러나 마귀가 자기의 때가 얼마 남지 않음을 알고 크게 분내며 내려간다.

결론

악한 마귀 사탄은 사람들을 이간질 시키고 잠시 해할 수 있지만, 사람을 죽일 수는 없다. 그리고 본문을 살펴보아 알 수 있듯이 성도는 다만 예수 그리스도의 보혈과 하나님의 말씀으로 그들을 물리치고 이길 수 있다. 그러므로 주님께서 오시는 날까지 어린 양의 피와 능력의 말씀으로 무장하여 끝까지 싸워 이기도록 하자.

28과_ 박해 받은 여자

본문_ 계 12:13-17

서론

계 12:9에 보면, "큰 용이 내 쫓기니 옛 뱀 곧 마귀라고도 하고 사탄이라고도 하며 온 천하를 꾀는 자"가 하늘에서 전쟁을 하였다. 천사 미가엘이 옛 뱀 곧 큰 용과 싸워 이기니 용이 쫓겨 땅에 내려와서 땅에서 아들을 즉 남자를 낳은 여자를 박해하였다.

남자를 낳은 여자는 창 3:15에 보면, 여자의 후손이 나오는데 원수 마귀와 싸워서 그의 머리를 상하게 할 것이요, 그(뱀)는 발꿈치를 상하게 하리라고 하였다.

영적으로 보면 여자는 성도들을 상징한다. 보다 더 구체적으로 말하면 예수님을 낳은 마리아를 가리킨다. 성도를 핍박하는 원수 마귀의 계교와 계략을 살펴보면서 은혜를 나누고자 한다.

1. 큰 용 옛 뱀의 정체

천사 미가엘과 싸운 큰 용의 정체는 구체적으로 옛 뱀이요, 사탄이요, 마귀이며, 사람들을 미혹하게 꾀는 자이다.(계 12:8) 사람을 미혹하고 꾀어서 잘못된 것으로 넘어지게 하는 것이 사탄의 정체이다. 오늘 수많은 사람들이 사탄에게 꼬임 받아서 이간당하고 미혹 받고 시험 받아 하나님 앞에서 죄를 짓도록 하는 것이 사탄의 정체이다.

2. 여자를 돕는 손길

1) 옛 뱀에게 박해를 받아 곤경에 처할 때에 그 여자가 큰 독수리의 날개를 받아 광야 자기 곳으로 날아가 거기서 그 뱀의 낯을 피하여 한 때와 두 때와 반 때의 기간에 양육되었다.

2) 여자의 뒤에서 뱀이 그 입으로 물을 강 같이 토하여 물이 떠내려가도록 박해할 때, 땅이 그 여자를 도와주기 위해 입을 벌려서 뱀이 토해낸 강물을 삼키니 물은 없어지고 여자들은 건재하다.

3. 용의 진노

용이 여자에게 진노하여 돌아가서 그 여자의 남은 자손 곧 하나님의 계명을 지키는 자(성도), 예수의 증거를 가진 자들과 더불어 싸우려고 바다 모래 위에 서 있다.

악한 사탄, 마귀는 하나님의 사람들, 여자와 여자의 후손, 예수 그리스도를 박해 할 수 있으나 생명은 죽이지 못한다. 인간의 생사화복은 하나님께 있기 때문이다.

결론

우리들, 예수님을 믿는 사람들의 생명은 하나님의 손에 있으며, 박해와 절망은 있을 수 있으나 실패는 없다. 참고 인내하며 하나님의 때를 기다리면 반드시 좋은 날, 그리고 은혜의 날이 온다. 끝까지 참고 기다리는 자가 반드시 승리한다.

29과_ 두 짐승과 복음

본문_ 계 13:1-15

서론

본문은 매우 중요한 내용이다. 계시록 13장을 어떻게 해석하느냐에 따라 복음의 진수를 담은 메시지를 전할 수 있기도 하지만 잘못하면 이단이 되기도 한다. 여기에서 짐승이 나오는데 이 짐승은 복음과 상관없는 사탄의 삼위일체 같은 것이다.

바다에서 나온 짐승의 권위가 있고, 땅에서 나온 권위가 있다. 땅에서 나온 짐승은 바다에서 나온 짐승의 권위 아래 있고, 바다에서 나온 짐승은 용에게 복종한다. 이 셋은 사탄과 적그리스도와 거짓 선지자를 상징한다.

1. 첫 번째 나온 짐승

요한이 보니 바다에서 한 짐승이 나왔다. 계 11:7에 처음 언급되어 있는 이 짐승은 세속적인 권세를 말한다. 세속적인 권세는 당시의 로마제국을 의미하기도 한다. 그 당시에, 로마제국은 황제를 신격화한 세상이었다. 이 짐승은 뿔이 열이요, 머리가 일곱이다. 그 뿔에는 열 왕관이 있고, 그 머리에는 신성을 모독하는 이름이 있다.

이러한 표현들은 세속의 권세와 권위를 가리키는 것이다. 짐승은 표범과 비슷하고 그 발은 곰의 발 같고 그 입은 사자의 입 같고 용이 자기의 능력을 그에게 준다.(계 13:2, 4, 5 등)

2. 둘째 짐승

계 13:11, 요한이 보매 다른 짐승이 땅에서 올라오고 어린 양 같이 두 뿔이 있고 용처럼 말한다. 이 말씀을 미루어 볼 때, 이 짐승은 종교적인 세력 또는 거짓 선지자를 가리키는 것으로 보인다.

어린 양처럼 두 뿔이 있고, 어린 양이신 예수 그리스도처럼 생겼다고 한다. 겉모양은 같은데 속은 양이 아니라 이리이거나 악한 사탄이다. '용처럼 말하더라' 란 말씀은 용처럼 능력 있는 거짓 선지자로 세상을 깜짝 놀라게 함을 말해 준다.

3. 복음과 성도의 삶

마지막 때가 되면 악한 짐승들이 나타나서 세상을 요란하게 하고 각종 싸움에서 승리하게 된다.

계 13:7, 성도들과 싸워 이기게 되고 각 족속과 백성과 방언과 나라를 다스리는 권세를 받으니 창세 이후로 생명책에 기록되지 못한 자들은 다 그 짐승에게 경배한다. 이 시기에, 성도들의 인내와 믿음을 보게 될 것이라고 계 13:10에 기록되어 있다.

결론

복음은 약하게 보이나 유연하고 강하다. 세속과 싸우고 종교적인 거짓 선지자와 싸워 이길 수 있는 길은 오직 성도들의 인내와 믿음이다. 사랑하는 성도들이여, 인내와 믿음으로 참고 견디면 반드시 승리하게 된다. 어떤 어려움이 있어도 복음으로 승리하기 바란다.

30과_ 짐승의 수 666
본문_ 계 13:14-18

서론

계시록을 기록하도록 한 목적은 요한이 살던 당시, 많은 성도들이 로마황제의 핍박을 견디다 못하여 배교함으로 성도들에게 로마황제 뿐만 아니라 오고 오는 세대에 수많은 핍박이 있을 지라도 배교하지 아니하고 참고 견디면 반드시 승리의 기쁨과 천국의 생명이 약속됨을 보여주신 것이다.
요 20:30-3, 성경의 기록의 목적은 예수 그리스도가 하나님의 아들이심을 믿게 함이요, 그 예수의 이름으로 힘을 얻게 함이요, 그 이름으로 생명을 얻게 하려 하심이라고 하였다.
계시록은 성도들에게 겁을 주려고 쓴 것이 아니라 하나님의 사랑과 최후의 승리자가 누구인가를 알려주는 것이 목적이다.

1. 짐승의 정체

두 짐승에서 언급한 것처럼 두 짐승은 악한 사탄, 마귀들의 대명사로, 우상숭배 하는 것들이다. 그 우상에게 생기를 주어 우상에게 말하게 함으로써 수많은 사람들이 허수아비 같은 우상에게 많은 미혹과 유혹을 받아 믿어서 배교하도록 만들 것이다. 그러나 그것 역시 우상이다.

2. 인침과 효력

인침은 문자대로라면 도장을 찍는다는 말이다. 그러나 본문에서는 영역

표시로 보아야 하고, 인침에도 그 종류가 있다. 첫 번째는 성령의 인침이다. 하나님의 사람으로 인침 받은 자는 그 누구도 하나님의 손에서 빼앗을 자가 없다고 성경은 증거한다. 성도로 하나님께 성령의 인침 받은 자는 어떤 경우라도 염려할 것이 없다.

악한 사탄의 무리는 다만 짐승의 수 666을 인침을 받아야 한다고 말하고 있다. 그러나 성령의 인침 받은 자만이 하나님의 자녀가 되며, 악한 짐승의 표를 받으면 멸망의 자식이 되어 영원한 지옥에 간다.

3. 666표

인본주의 마지막 때, 일어날 현상을 미리 보여주신 것이다. 사탄, 마귀, 악령이 마지막 때에 발악을 하지만 대적 마귀는 절대 이기지 못한다. 성령 안에서 성도들에게 지게 되어 있다. 이 세상은 물질만능주의로 지배되고 다스려질 것이다. 지금도 돈이면 안 되는 것이 없는 세상이다.

666표를 받은 자는 이 세상에서 매매할 수 있고, 666표가 없는 자는 매매를 못한다고 하였다. 마지막 때 하나님 중심으로 살아야 할 성도들이 물질에 매여 하나님보다 물질이 우상이 되고, 우선이 되는 세상이 올 것을 예언하고 있다.

결론

마지막 때에 먹을 것이 없어서 기갈하는 것이 아니라 하나님의 말씀이 없어서 기갈이라고 하였다. 사람이 떡으로만 살 것이 아니라 하나님 입에서 나오는 말씀으로 살 것이라고 하였다. 한번 성령의 인침을 받은 자는 어떠한 경우도 해를 입지 않는다고 하였다. 최후의 승리자는 성경이 말한 대로 성령의 인침 받아 성령의 인도대로 사는 사람이다.

31과_ 십사만사천이라는 수의 의미

본문_ 계 14:1-5

서론

구원 받은 자들의 수가 십사만사천 명이란 단어 때문에 수많은 이단들이 현혹되어 잘못 해석함으로 문제가 된다. 성경을 바로 해석하는 것이 기본적이니 신앙의 자세로 문자를 제 일순위로 보아야 한다. 개인의 신앙 체험보다는 하나님의 말씀인 성경을 해석하면서 은혜를 나누고자 한다.

1. 십사만사천 명에 대한 이해

> 계 14:1, "십사만사천 명이 서 있는데 그 이마에 어린 양의 이름과 그 아버지의 이름을 쓴 것이 있더라."

여기에 나오는 십사만사천을 문자 그대로(숫자) 보아야 하느냐 아니면 상징적인 숫자로 보아야 하느냐 하는 것은 어떻게 보든지 큰 문제가 아니다. 본인의 신앙에 따라서 보아도 무방하다. 다만 십사만사천을 구원 받은 전체의 수로 보는 것은 무리이며, 계시록 7장에서 이스라엘의 구원 받은 수라고 정확하게 기록해주고 있다.

계 7:4, "인침 받은 자의 수를 들으니 이스라엘 자손의 각 지파 중에서 인침받은 자들이 십사만사천이니"라고 기록함으로써 정확하고 분명한 답은 십사만사천은 이스라엘 백성 가운데 구원 받은 수이다.

2. 십사만사천의 역할

"어린 양이 시온 산에 섰고"에서 시온산은 예루살렘을 가리키고 있지만 영적으로 천국을 의미한다. 천국에서 십사만사천의 구원 받은 백성(성도)들은 새 노래를 배우고 그곳에서 찬양을 한다.(계 7:10) 그들은 그곳에서 흰옷을 입고 하나님께 경배하며 찬송과 영광을 돌리고 있다.(계 7:11-12)

계 14:3하, "새 노래를 배울 자가 십사만사천 밖에 없더라."

그러므로 천국에 간 성도들은 흰 옷을 입고 손에 종려가지를 들고 찬송하며 하나님께 영광을 돌린다.

3. 십사만사천은 어떠한 분들인가

- 어린 양의 이름과 아버지의 이름을 쓴 것이 그 이마에 있더라.
- 여자와 더불어 더럽히지 아니하고 순결한 자들이라.(계 14:4) 여기에서 여자는 우상을 말하며, 신앙적으로 순결함을 가르쳐주고 있다.
- 어린 양이 인도하는 대로 따라 가는 자이다.(계 14:1) 순종의 사람이다.
- 처음 익은 열매로 어린 양 예수님께 속한 사람들이다.
- 그 입에는 거짓이 없고 흠이 없는 자들이다. 도덕적, 윤리적, 신앙적으로도 순결한 사람들이다.

결론

주님의 재림과 휴거되어 천국 가는 사람들은 어린 양이 되신 예수님의 피로 속량함을 받을뿐더러 하나님의 자녀로 인침을 받았다.

지금은 1세기 때의 핍박시대보다 분명 편안하게 신앙 생활을 하기 좋은 시대이다. 그러나 또 다른 면으로 보면, 평안하기 때문에 물질이나 세상 유혹이 더욱 심한 세상이다. 성령 안에서 참된 승리자가 되자.

32과_ 영원한 복음

본문_ 계 14:6-13

서론

사도 요한이 보니 천사들이 공중에 날아가는데 땅에 거주하는 자들 곧 모든 민족, 종족과 방언과 백성에게 전할 영원한 복음을 가졌더라. 그러므로 영원한 복음은 천사들이 갖고 있다.
영원한 복음은 계 14:7, "하나님을 두려워하며, 그에게 영광을 돌리라, 심판의 시간이 이르렀음이라, 하늘과 땅과 바다와 물들의 근원을 만드신 이를 경배하라."이다.

1. 세 천사가 전하는 말

첫 번째 천사는 영원한 복음을 전한다. 즉 반드시 심판이 있으므로 하나님을 두려워하고 그 분에게 영광을 돌리며 경배하라. 두 번째 천사는 큰 성 바벨론 성이 무너졌도다 세상을 지배하던 인본주의가 무너지고 세상을 다스리던 음행으로 진노의 포도주를 먹이던 바벨론이 망하였다. 세 번째 천사는 우상에게 경배하고 이마나 손에 짐승의 표를 받으면 하나님의 진노의 포도주를 마시리라, 불과 유황으로 고난을 받으리니, 밤낮 쉼을 얻지 못하고 계속 고난을 받으리라.

2. 성도들의 인내

성도들은 꿈이 있기에 참고 인내할 수 있다.

- 천국에 대한 꿈이 있다.
- 죽어도 살겠고 살아서 믿는 자는 영원히 죽지 아니하리라는 말씀이 있으니 참고 인내할 수 있다.
- 롬 8:28, 성도들은 모든 것이 합력하여 선을 이룬다고 했으니 참고 인내해야 한다.
- 성도는 하나님의 계명 즉 하나님의 말씀이 있으니 믿음을 지킬 수 있으며 인내한다.
- 성도는 예수님이 구세주이며, 하나님의 아들이심을 믿으니 참고 인내해야 한다.

3. 주 안에서 죽은 자들

세상에 많은 복을 받고 살지만 죽음이 복이라는 말씀은 오직 성경에만 있다.
- 성경에서는 사람이 죽는 것을 죽음으로 보지 아니하고 잠자는 자들이라고 하였다. 그러니 잠자는 자들은 반드시 깨어남이라. 그러므로 주 안에서 죽은 자들이 복이 있다.
- 주 안에서 죽은 자들이란 말은 믿고 죽었다는 말로 천국이 보장되어 있으니 복이다.
- 죽음이 복이란 것은 이 땅에서의 죽음은(고후 5장) 장막집이 무너짐을 가리켜주는데 더 좋은 집, 하나님이 직접 만드신 집으로 이사하니 복이다.
- 죽음이 복이란 말은 이 땅에서의 수고와 고난과 질병과 환난 시험이 다 끝나고 편히 쉬리니 복음이다.

결론

요한이 전해준 계시록은 주님의 재림을 사모하여 기다리는 성도에게 희망과 용기를 준다. "네가 땅에서 행한 대로 갚아 주리라." 선하고 착한 일은 했으면 그대로 복을 받게 된다.

벧전 1:4, 썩지 않고 더럽지 않고 쇠하지 아니하는 유업을 바라보며 주 안에서 참된 승리자가 됩시다.

33과_ 마지막 곡식을 거둠

본문_ 계 14:14-16

서론

이 세상에는 봄과 여름 그리고 가을이 있어 철따라 심을 때가 있으면 거둘 때가 있는 법이다. 사도 요한이 보니 하늘에 흰 구름이 있고, 구름 위에 인자 같은 이가 앉으셨으니(그 분이 곧 예수님이라) 그 머리에는 금 면류관이 있고 그 손에는 예리한 낫을 가졌더라.

1. 자연법칙

곡식이 익으면 곡식을 거두어드리는 것이 자연법칙이다. 콩 심으면 콩을 거두고, 심은 것을 거두는 것이 자연법칙이요, 봄에 씨앗을 뿌리면 여름을 지나서 가을이 오면 곡식을 거두어 드리는 것이 자연법칙이다.
많이 심으면 많이 거두는 것이 자연법칙이요, 좋은 나무에서 좋은 과실을 거두는 것이 자연법칙이다. 무엇을 심었든지 심은 대로 거두는 것이 자연법칙이다.

2. 영적 법칙

영적 법칙은 대부분 자연법칙을 따라서 살아간다. 영적 법칙은 썩을 것으로 심고, 썩지 아니할 것으로 다시 살아나며 욕된 것으로 심고 영광스러운 것으로 다시 살아나며, 약한 것으로 심고 강한 것으로 다시 살아나며 육의 몸이 있은즉 또 영의 몸도 있다.

고전 15:45, 첫 사람 아담은 생령이 되었다 함과 같이 마지막 아담(예수 그리스도)은 살려주는 영이 되었나니 먼저는 신령한 사람이 아니요 육의 사람이요 그 다음에 신령한 사람이다. 이것이 영적 법칙이다.

3. 천국에서의 수확

이 세상에서 마지막 수확은 없다. 그러나 영적 세계에서는 마지막 수확이 있다. 주님께서 재림하시기 전 마지막으로 구원 받은 자를 점검하여 익은 곡식을 거두어 드리는 것은 마지막 익은 곡식을 거두어 드리는 수확이 있다.

> "예리한 낫을 가졌더라 … 낫을 휘둘러 거두소서 땅의 곡식이 다 익어 거둘 때가 이르렀음이니이다."

땅에 수많은 죽어가는 영혼을 거두어 드리는 것이 영적 추수이다.

결론

이 지구에는 멸망의 날이 있다. 우주적 종말과 개인적 종말이다.
종말이 오기 전에 한 영혼이라도 더 추수하여 천국 창고에 들이는 것이 낫을 가진 자의 사명이요. 예수 그리스도를 구주로 믿는 성도들의 사명이다. 세상이 무너져도 혼돈이 와도 우리의 사명은 전도하는 것이 최선이다.

34과_ 땅에서의 마지막 재난

본문_ 계 14:17-20

서론

본문에서는 영벌에 들어가야 할 사람들을 추수라는 형식으로 설명하고 있다. 사도 요한에게 계시를 기록하도록 하신 목적은 마지막 때 핍박이 심하여 배교하는 성도들에게 조금만 참으며 인내하면 하나님의 약속이 이루어지며 앞으로 나아가면 반드시 승리한다는 것이다.
그러나 배교하는 자들에게는 마지막 형벌이 있음을 가르쳐준다.

1. 심판과 재난의 낫 예리한 낫(계 14:19)

사도 요한이 보니, 계 14:14, "흰 구름이 있고 구름 위에 인자와 같은 이가 앉으셨는데 그 머리에는 금 면류관이 있고 손에는 예리한 낫을 가졌더라."
천국에 들어갈 알곡과 지옥에 갈 쭉정이가 있는데 예리한 낫을 인자와 같은 이가 휘둘러 천국 창고에 들이고 또 다른 천사라 예리한 낫을 휘둘러 땅의 익은 포도를 거두어 하나님이 진노의 큰 포도주 틀에 던져진다. 낫은 악인에게도 선한 이에게도 심판의 도구로 사용됨을 우리에게 알려주고 있다.

2. 하나님의 진노의 큰 포도주를

포도가 잘 익으면 익을수록 예리한 낫을 가진 천사가 낫을 휘둘러 포도송

이를 거두어 들여 진노의 틀에 던지매 먹보다 더 검은 붉은 죄를 지은 자들이 가야할 곳이다.

사 1:18, "너희 죄가 주홍같을지라도 희어질 것이요, 진홍같이 붉을지라도 양털 같이 되리라."

3. 진노의 틀 성 밖에까지 퍼짐

계 14:20, "하나님의 진노의 틀이 성 밖에서 그 틀이 밟히니 틀에서 피가 나서까지 있을 뿐만 아니라 천육백 스다디온에 퍼졌더라."

히 11:16, "한 성을 예비하셨느니라." 말씀을 비추어 보면 영적으로 성은 천국을 의미하고 성 밖은 천국이 아닌 다른 곳을 말한다.
이스라엘 남쪽에서 북쪽 전체의 길이는 약 307km이다. 하나님의 진노가 전국적으로 이루어지고 있을 뿐만 아니라 지옥 갈 죄인들의 최후 말로를 한눈으로 보여주는 대목이다.

결론

마지막 때 추수꾼의 예리한 낫은 알곡과 쭉정이를 구별할 것이다. 알곡은 하나님 나라의 창고에 들어갈 것이고 포도송이 같은 것은 하나님의 진노의 틀에서 붉은 포도주가 되어 전국 방방곡곡에 퍼져 나갈 것이다. 항상 근신하여 깨어 기도함으로써 마지막을 준비하는 지혜로운 성도들이 되도록 빈다.

35과_ 승리한 자에게 주어진 축복

본문_ 계 15:1-8

서론

마지막 재앙 끝에 요한이 보니 불이 섞인 유리 바다 같은 것이 있고 짐승과 그의 우상과 그의 이름의 수를 이기고 벗어난 자, 즉 성도들이 유리 바다(천국, 계 21:21)가에 서서 하나님의 거문고를 가지고 어린 양이신 예수 그리스도를 찬양한다.

1. 이긴 자만이 찬양할 수 있다

성도들의 신앙생활은 영적 싸움으로 시작된다. 창세 이후로 악한 사탄 마귀는 구원 받은 백성까지도 멸망시켜 지옥에 같이 가려고 온 힘을 다해 유혹하고 미혹하여 넘어지게 하는 요물이다.

그들과 싸워서 끝까지 승리한 분이 계시니 예수 그리스도이시다.

- 아담도 하와와 함께 뱀의 유혹을 받아, 먹어서는 안 될 선악을 알게 하는 열매를 먹고 에덴에서 쫓겨났다.
- 모세도 백성들이 물을 달라 할 때, 하나님께서 지팡이로 반석을 명하여 물을 내라 하셨는데 그 하나님의 거룩성을 상실하고 지팡이로 반석을 쳐 물이 나게 하는 죄를 범하였다.
- 다윗도 우리아 장군의 아내 밧세바의 일로 죄를 짓고, 눈물로 회개하고 용서받은 사건이 있었다.

그러나 둘째 아담이 되신 예수 그리스도는 십자가에 못 박혀 죽으시면서 사탄의 권세를 이기고, 인류의 구원을 완성하였다. 이긴 자만 찬양을 할 수 있다.

2. 하나님의 종, 모세의 노래(계 15:3–4)

– 하나님의 성도 찬양

– 오직 주님만 거룩하신 분이며 찬양과 경배하기에 합당하신 분이심

– 주의 이름은 아무도 두려워하지 아니하고 영화롭게만 하심

3. 성도들의 찬양(계 15:2)

계 15:2 하, "짐승과 그의 우상과 그의 이름의 수를 이기고 벗어난 성도들이 유리 바닷가에 서서 하나님의 거문고를 가지고 찬양하되 모세의 노래로 하더라."

이 말씀은 땅에서 신앙생활하면서 닥쳐올 수많은 시험과 환란을 끝까지 싸워 이길 자(딤후 4:7) 즉 끝까지 믿음을 지키고, 예수의 이름으로 승리한 성도들이 천국에서 승리의 노래를 부르되 모세의 노래로 영광을 돌리는 모습을 볼 수 있다.

결론

요한계시록은 성도들이 승리하고, 후에 주어질 복들을 보여주고 위로하는 책이다. 끝까지 선한 싸움을 싸우고 믿음을 지킨 자들에게 천국에서의 찬양할 시간을 주시고, 어린 양 보좌 앞에서 하나님을 경배하는 모습이 오늘 성도들의 모습이 되기를 소원하여 기도한다.

36과_ 하나님의 진노 1

본문_ 계 16:1-3

서론

"요한이 또 음성을 들으니 성전에서 큰 음성이 나서 일곱 천사에게 말하되 너희는 가서 하나님의 진노의 일곱 대접을 땅에 쏟으라 하더라."

여기에서 하나님의 진노는 항상 하나님의 목전에서 범죄한 자들에게 이루어지고 있다. 계시록에 나오는 진노는 마지막 재앙처럼 마지막 진노에 해당한다.

1. 천사가 진노의 대접을 쏟으니

여기에서, 천사는 하나님의 심부름꾼이다. 하나님의 명령을 받들어 수행하는 것이 천사의 소임인 것이다. 천사들 중에는 좋은 소식을 전하는 천사도 있고, 나팔을 부는 천사도 있다. 본문에 나오는 천사는 진노 재앙의 대접을 쏟는 천사이다.

재앙이 임하는 사람들은 어떤 종류의 사람들인가?

- 짐승의 표를 받은 사람들, 즉 짐승의 표에 인 맞은 자들로 그들은 왜 짐승의 표를 받았을까? 이 땅의 감언이설에 넘어가 짐승의 표를 받지 않으면 매매가 안 된다는 소리를 듣고, 현실 물질 문명사회에서 유혹에 빠졌기 때문이다. 천국보다 땅의 생활이 중요하다고 생각하여 사람들이 짐승의 표를 받았는데, 결국 이들은 하나님의 진노의 대접으로 멸망하게 된다.

– 우상에게 경배한 자들, 왜 우상에게 경배했을까? 전능하신 하나님의 은혜를 입고도 그 사실을 망각하기 때문이다. 눈에 보이는 우상들을 경배하는 것은 하나님 앞에 범죄하는 것이다.
– "악하고 독한 종기가 나더라." 출애굽 할 때, 애굽 백성에게 재앙이 내렸던 것과 같이 짐승의 표를 받고 우상에게 경배하는 자들에게 악하고 독한 종기가 나는 재앙이 내린다.

2. 천사가 그 대접을 바다에 던지지

– 바다가 피 바다가 되었다.
– 출애굽 당시, 애굽에 모세를 통해서 내리던 재앙은 천국을 향해 가는 말세에 이 땅에 또다시 일어날 재앙이다.
– 물은 생명과 같은 것이다. 샘의 근원뿐만 아니라 온 바다에 피의 진노가 임한다.
– 바다 가운데 모든 생물이 피에 의해 다 죽더라.

결론

예수님을 구주로 믿고 구원 받아 하나님의 백성으로 산다는 것이 얼마나 중요한 것인지 깨닫고 행복해 하자. 각종 시험과 환란을 끝까지 참고 견디는 자는 영원한 복이 된다.
짐승의 표를 받은 자, 혹 우상 숭배하는 자들에게 재앙과 진노가 임할 것을 깨닫고 주 안에서 행복하고 승리하자.

37과_ 하나님의 진노 2
본문_ 계 16:4-9

서론

셋째 대접이 바다에 쏟아지자 물의 근원이 피가 되었다. 넷째 대접이 해에 쏟아지자 해가 권세를 받아 불로 사람을 태우는 재앙이 임했다. 즉, 물과 불 재앙이다.

1. 셋째 천사가 쏟은 진노에 대하여

셋째 천사가 자기에게 주어진 사명을 감당하기 위해 진노의 대접을 강과 물 근원에 쏟으매 피가 된다.(계 16:4)
"전에도 계시고 지금도 계신 거룩하신이여 심판하심이 의로우시도다."라고 물을 차지한 천사가 말한다.
물은 인간의 갈증을 해소시켜 주며, 인체의 70% 이상을 차지하고 있다. 모든 생물과 동물들이 물로 생명을 유지한다고 해도 과언이 아니다. 즉 물은 생명의 시작이며 근원이다. 이런 물이 피가 되었다는 것은 최악의 재앙 중의 재앙인 것이다. 출애굽 당시에도 나일강이 피로 변하는 재앙이 있었다.

2. 넷째 천사가 쏟은 진노에 대하여

넷째 천사가 그 대접을 해에 쏟으매 해가 권세를 받아 불로 사람을 태우니 사람들이 크게 태움에 태워진다. 이 재앙을 행하므로 권세를 가진 자들이 하나님의 이름을 비방하며, 또 회개하지 아니하고 주님께 영광을 돌리지 아니한다.
해는 권세나 권력의 최고의 권위를 가진 것이다. 그런데 그 최고의 권세를 가진 해가 불에 타버리거나 하나님을 비방하는 자로 살고, 회개도 하지 않고, 주님께 영광을 돌리지도 않는다고 한다.

결론

재앙으로 심판을 받은 사람들은 하나님의 이름을 비방하는 자들이며, 회개하지 아니한 자들이다. 또한 그들은 주님께 영광을 돌리지 아니하는 자들이었다.
우리는 예수님의 이름으로 철저하게 회개하고, 무엇을 하든지 하나님께 영광을 돌리며(골 3:17) 예수님을 힘입어 승리합시다.

38과_ 하나님의 진노 3
본문_ 계 16:10-16

서론

하나님의 진노는 계속되어진다. 다섯째 천사가 대접을 짐승(사탄)의 왕좌에 쏟으니 그 나라가 곧 어두워지며, 사람들이 아파서 자기 혀를 깨물고 고통이 심한 종기로 말미암아 하나님을 비방하고 그들의 행위를 회개하지 아니한다.

1. 다섯째 천사의 진노에 대하여

공중권세를 잡고 믿는 성도까지도 미혹하려고 악한 사탄의 왕국 왕좌에 진노의 대접을 쏟았다.

- 나라가 어두워짐 → 영적으로 어두움은 진노, 고통, 고난의 길을 말한다. 출애굽 당시에도 흑암의 재앙이 있었듯이 어두움이 찾아오게 된다.
- 아픔(통증) 때문에 자기의 혀를 깨물더라 → 어디가 얼마나 어떻게 고통이 임했는지 알 수 없지만, 분명한 것은 그 고통을 참고 이겨내기 위해 자신의 혀를 깨물게 된다.
- 몸의 종기 → 출애굽 때에도 독종의 재앙이 있어 고통이 심해 모든 의욕을 잃어버리고 죽음에까지도 이르게 한 종기 재앙이다. 우리나라의 경우 효종대왕이 북벌정책을 완전히 준비하고도 등창이 나서 죽어 그 계획이 수포로 돌아간 일이 있었다.

– 하나님을 비방하고 회개하지 않음 → 믿음의 사람들은 고통이 오면 올 수록 회개하고 주님께 가까이 가는 것이 믿는 성도들의 축복인 반면, 저주 받거나 진노의 자녀들은 고통이 오면 하나님을 비방하고 회개하지 않는 것이 특징으로 가룟 유다와 같다.

2. 여섯째 천사의 진노의 대접에 대하여

진노의 대접을 큰 강 유브라데에 쏟았다.

1) 강물이 말라져 동방에서 오는 길이 예비되었더라 → 큰 강 유브라데의 강물이 넘실거림으로 동방에서 쳐들어오는 적들을 막아주었는데 강물이 말라져 강바닥이 드러나니 적들의 침공이 자주 일어나고 대규모 적들이 침략해 왔다.
   우리나라의 경우에, 6 · 25 한국전쟁 때, 압록강이 얼어서 얼음으로 덮혀 51년 1월 4일 중공군이 대규모로 참전하여 당시 유엔군이 후퇴를 거듭한 경우도 있다.
2) 요한이 보니 더러운 영, 용의 입과 짐승의 입과 거짓 선지자의 입에서 개구리 같은 새들이 나와 이적을 행하고 온 천하 왕들이 가세하여 전도자를 모독하고 전쟁을 위하여 그들이 모이더라. 이 전쟁은 아마겟돈이라 한다.

3. 아마겟돈 전쟁

수많은 성경학자들은 지구의 종말 때에 있을 전쟁을 아마겟돈 전쟁이라고 한다. 문자적으로 보면 아마겟돈은 므깃도 언덕이란 의미로 그 곳에 왕들이 모여 싸울 것이라고 한다. 그러나 이렇게 문자적으로 해석하기는 무리이다.

세 영은 큰 용, 옛 뱀, 마귀(사탄) 등이다. 마귀의 삼위일체로서 연합체를

형성하여 싸우는 영적 전쟁으로 봐야 한다.
종말은 분명히 올 것이다. 그러나 두려워 할 것이 없다. 반드시 악한 영들은 멸망당하고 성령이 승리하고 다스리는 영원한 천국이 오기 때문이다.

결론

이런 진노의 와중에도 주님께서는 약속하신다. "보라 내가 도둑 같이 오리니 누구든지 깨어 자기 옷을 지켜 벌거벗고 다니지 아니하며 자기(신앙의) 부끄러움을 보이지 아니하는 자는 복이 있다."고 하신다.
모든 것이 막히고 길이 없어 보이지만 끝까지 참고 인내하면 반드시 주님의 도우심과 축복이 예비되어 있음을 기억하자.

39과_ 하나님의 진노 4

본문_ 계 16:17-21

서론

하나님의 진노는 불신자들과 배교자들과 낙심하여 예수의 이름을 팔아먹은 자들에게 계속되어지고 있다. 일곱째 천사가 "그 대접을 공중에 쏟으매 큰 음성이 성전에서 보좌로부터 나서 이르되 되었다" 하시니 자연재해와 같은 것으로 징계하신다.

1. 지진으로 징계하신 하나님

계 16:18, "번개와 음성들이 우렛소리가 있고 또 큰 지진이 있어 얼마나 큰지 사람이 땅에 있어온 이래로 이같이 큰 지진은 없었더라."

지진은 강도 7.7도 이상만 되어도 지형이 바뀌고 호수가 생기기도, 혹은 없어지기도 하며 수많은 건물들이 무너지는데 그 속에서 살아남을 자가 어디 있겠는가!
바다에서 지진이 일어나면 지층의 변화로 해일이 일어나 곧 쓰나미로 바뀌어 바다의 배들과 해변가의 수많은 건물, 선박, 사람 할 것 없이 모두 쓸려 간다. 그럼에도 불구하고 지진의 강도는 측정할 수 없을 만큼 큰 지진이 일어나면 얼마나 큰 재앙이며 저주이겠는가!

2. 흔적들이 없어지는 재앙과 진노

– 큰 성이 세 갈래로 갈라지고 만국의 성들도 무너지니 큰 성 바벨론이 하나님 앞에서 흔적도 없어지고
– 하나님의 맹렬한 진노의 포도주잔을 받으매 섬들도 없어지고 산악도 간 데 없더라.

세계 이곳저곳에서 지진이 발생하여 섬들이 없어지고 산들이 온 데 간 데 없어지며, 또 다른 산악이 생기는 것은 성경의 말씀에 응한 것이며, 재난의 시작일 뿐이다.

3. 우박을 징계하심

출애굽 당시 우박 재앙이 있었는데 종말 때에도 하나님께서 우박을 통해서 징계하시며 진노하실 것을 말한다.
본문 21절에서, "한 달란트 되는 엄청나게 큰 우박이 하늘로 부터 사람들에게 내리매"라고 쓰여 있다. 주먹만한 우박이 하늘에서 내려와도 땅에 짐승이며 건물이며 차량 등 모든 것들이 다 파괴되고, 사람도 맞으면 현장에서 죽을 수 있는 무서운 재앙이 있다고 경고하신다.

결론

무서운 재앙이 진노로 변하여 사람들이 마지막 심판을 두려워하고 있다. 그러나 성령으로 인침 받은 백성들은 하나님의 보호하심 속에서 신랑 되신 예수님께서 지켜주심으로 재앙과 상관없으며, 하나님의 진노는 예수님의 피로 넘어간다.
마지막 때일수록 우리 모두는 주 안에서 믿음을 잘 지켜 승리자가 되기를 소망한다.

넷째 묶음

계 17:1-22:21

40과_ 하나님의 진노 5

본문_ 계 17:1-18

서론

계 17장은 큰 음녀가 받을 심판에 대하여 말씀하고 있다. 일곱 대접을 가진 일곱 천사 중 하나가 와서 사도 요한에게 말하되 "이리로 오라 많은 물 위에 앉은 큰 음녀가 받을 심판을 보여 주겠다"고 말하고 있다.

1. 큰 음녀의 정체

성경은 큰 음녀에 대하여 여러 가지로 표현하고 있다.

- 세상의 임금들과 더불어 음행을 행한 자들(권력에 맛들려 있는)
- 음녀는 붉은 빛 짐승을 탔는데 그 짐승의 몸에 하나님을 모독하는 이름이 가득함
- 음녀는 일곱 머리와 열 뿔을 가짐
- 음녀의 이마에 기록된 이름은 바벨론
- 그 음녀는 예수를 믿다가 배교한 사람들이다.

2. 하나님의 사람 즉 성도들

1) 성령께서 심판을 보여주시다.

사도 요한을 데리고 광야로 가서 짐승들의 심판을 보여주심으로 성도들은 심판을 받지 않고 심판을 구경한다.

2) "그가 보니 음녀가 성도의 피와 예수의 증인들의 피를 취한지라."

이 말씀을 보면 성도들을 음녀로부터 핍박과 환란이 있을 것을 보여주셨다.

3) 생명책에 기록된 자들임

"생명책에 기록되지 못한 자들은 장차 나올 짐승을 보고 놀랍게 여기더라."

3. 하나님의 심판

1) 음녀들과 세상 권세 잡은 자들이 어린 양과 싸우려니와 어린 양은 만주의 주시오 만왕의 왕이시므로 그들을 이기실 것이다.

2) 어린 양과 함께 있는 자들, 곧 부르심을 받고 택하심을 받은 진실한 자들도 이길 것이다.

3) 요한이 보니 열 뿔과 짐승은 음녀를 미워하여 망하게 하고 벌거벗게 하고 살을 먹고 불로 심판을 받는다.

4) 하나님은 자기 뜻대로 하시되 하나님의 말씀이 이루어 응하기까지 하신다.

결론

이 세상에서 아무리 힘들고 또 힘들어도 참고 견디어내라. 주님께서는 반드시 승리하도록 역사하신다.

또 우리에게 천국이 있으니 그곳에서 넘치는 은혜의 면류관이 예비 되어 있음을 잊지 말라. 농부가 봄에 눈물로 씨를 뿌리고 가을 추수 때까지 참고 인내하여 많은 열매를 거둘 것을 기대하는 것처럼 기대하자.

41과_ 바벨론을 심판하신 주님 1

본문_ 계 18:1-8

서론

본문에서는 바벨론의 심판에 대해 말씀하신다. 요한이 하늘을 보니, "다른 천사가 하늘에서 내려오는 것을 보니 큰 권세를 가졌는데 그의 영광이 땅에 환하여지더라."

1. 본문에서 말하는 바벨론의 의미

바벨론은 이스라엘의 역사 가운데 나타난 제국 중 가장 악랄하게 이스라엘의 남 왕국 유다를 멸망시킨 제국이다. BC. 722년에, 앗수르가 북 왕조 이스라엘을 멸망시키고 남 왕조 유다를 침공해왔는데 당시에, 유다 왕 히스기야가 하나님의 은혜로 그들을 물리쳤다.

그 후에, 앗수르는 망하고 그 자리에 바벨론이 세워져 BC. 586년에, 남 왕조 유다를 멸망시킨다. 성경은 바벨론을 말할 때 우상숭배의 대명사인 음녀로 표현하기도 하고, 사탄의 사역을 대표적으로 나타내는 집단으로 분류하기도 한다.

2. 행위대로 갑절을 갚아 주리라(계 18:6)

성경의 기록에는 제 행위대로 갚아 주리라는 긍정적인 표현도 있다. 계 22:12, "내가 속히 오리니 내가 줄 상이 내게 있어 각 사람에게 그가 행한 대로 갚아주리라."고 하였다.

계 18:6, "그의 행위대로 갑절을 갚아주고 그가 섞은 잔에도 갑절이나 섞어 그에게 주라."

이 약속은 바벨론이 행한 악한 일들에 대한 하나님께서 심판하실 때 각 사람에게 벌로 갚아 주겠다는 하나님의 심판이요, 약속이다. 악한 자의 심판은 재앙으로 끝을 맺되 갑절의 재앙인 것이다.

3. 심판하시는 하나님(계 18:8)

예수님의 초림 때는 "회개하라 천국이 가까이 왔다."고 외치며 회개를 촉구하여 용서와 긍휼로 하나님 나라를 세우셨다면, 재림 주 예수님께서는 성도들에게 네가 행한 대로 갚아주시겠다는 축복과 평화의 메시지로 약속하신다.

하지만 불신자들에게는 심판의 주님께서 오셔서 그들의 행한 대로 죄의 값을 찾으시고 영원한 불못 지옥에 던져버리신다.

이때, 하나님은 인정사정 봐주시고 기다리시는 분이 아니라 행한 대로 갚으시는 분이시다.

결론

불신자이며 사탄의 앞잡이였던 바벨론은 심판하여 영원한 불 못에 던져버려지고, 믿음을 잘 지킨 성도는 영원한 천국에 입성하는 날이 될 것이다. 우리의 영원한 신랑이신 예수님을 기쁨으로 맞이하는 기쁨의 날이 될 것이다.

42과_ 바벨론을 심판하시는 주님 2

본문_ 계 18:9-20

서론

역사적으로 보면 바벨론은 BC. 586년에, 남 유다를 멸망시킨 제국중 하나이면서 앗수르의 뒤를 이어 제국으로 등장하는 나라이다.
그런 바벨론이 AD. 100년경에 기록된 요한계시록에 나타난 것은 그 바벨론이 죄를 지어 그들의 죄가 하나님의 진노 앞에 심판받는 내용을 언급한 것이다.

1. 하나님의 도구로 쓰였던 바벨론

제사장의 나라 남 유다가 하나님 앞에 범죄함으로 하나님께서 그들을 징계하실 때 바벨론을 채찍으로 사용하셨다. 제사장의 나라 유다의 죄는 세상 나라와 똑같이 하나님을 버리고 자기 소견에 좋은 대로 산 것이었다.
또한 하나님께서 그들에게 회개하고 돌아올 기회를 주셨지만 더욱 멀리 떠남으로 인해 바벨론을 사용하여 제사장의 나라 유다를 징계하시는 것을 알 수 있다.

2. 바벨론의 심판

바벨론은 땅에서 음행하고 사치하면서 무너질 세상도 모르고 그 세상 권세를 가지고 천년, 만년 살 것 같이 요란한 삶을 살았다. 그들은 권세가 하나님께로부터 오는 줄도 모른 채 70년 동안 살다가 무너졌다. 바벨론의 불타는 연기를 보고 울고 가슴을 쳐도 심판은 계속 됨을 보여준다.

- 금은보석도 각종 옷감과 향수와 그릇이나 값진 철과 대리석으로 만든 그릇도 다 멸망할 때 같이 망한다.
- 계피와 향료와 향유, 포도주와 감람유, 밀가루와 밀, 소와 양과 모든 것들이 인간의 영혼의 혼미함으로 멸망을 당한다.
- 바벨론은 영혼을 병들게 하고 입으로 들어가는 것들을 통해 심판받게 된다.

3. 성도는 하늘나라에서 예수님의 우편에

세상에서 천국이 보이지 않으나 천국에서는 이 세상이 보이므로 천국의 성도들은 이 땅에서 심판받는 무리를 보면서 저들이 회개하고 돌아오기를 간절히 소망한다. 그러나 땅에서는 바벨론처럼 멸망자들이 아무것도 모르고 심판으로 고통과 죽음 사이를 넘어 다니며 지옥의 맛을 보게 된다.

결론

우리는 주님의 은혜 안에 살기 때문에 모든 심판을 비켜간다. 우리가 항상 깨어서 기도하며 하나님께 영광만 돌리는 삶을 살면 주님께서 그 나라에서 그날 우리를 기다리고 계신다.

43과_ 바벨론을 심판하시는 주님 3

본문_ 계 18:21-24

서론

인간에게는 몇 가지 심판이 있다. 개인적인 종말과 심판, 그리고 집단적 종말과 심판, 우주적 종말과 심판 등으로 나뉘어 생각할 수 있겠다. 인간은 개개인에게 종말이 있고, 그 개개인에 대한 하나님의 심판이 있다.
성경에서는 '그가 행한 대로 갚아 주리라' 고 약속하였다. 종말에는 불신자에 대한 심판이 있다. 믿는 성도들에게는, "사망에서 생명으로 이미 옮겨졌느니라." 혹은 '심판에 이르지 아니하니' 라고 성경은 언급하고 있다.
본문에서의 바벨론 심판은 불신자에 대한 심판으로 이에 대해 구체적으로 설명하고 있다.

1. 맷돌 같은 돌을 바다에 던져짐의 심판

당시에, 가정에서 사용하던 맷돌은 가장 단단하고 무거워서 한번 바다에 던지면 바다 깊은 곳에 가라앉아 다시는 올라올 수 없다.
본문에서 큰 성 바벨론이 바다에 깊숙이 던져져 아주 비참하고 영원히 그리고 다시 볼 수 없도록 버려지는 심판을 의미한다.

2. 악기를 다루고 풍류하는 자에 대한 심판

모든 악기를 다루고 풍류를 아는 자들의 그 악기 소리가 결코 다시 내 안에 들리지 아니하고, 공업자들의 맷돌소리와 공장 돌아가는 소리도 결코 다시 들리지 아니할 것을 말씀하고 있다. 이것은 심판 중 심판이요 저주 중에 저주이다.

3. 희망의 싹이 보이지 아니함

등불은 인간에게 흑암 속에서의 희망을 말하는데 그 희망마저 사라져 불빛은 없어진다. 신랑과 신부의 음성은 인간으로서 최고이자 최초의 희망으로 신랑, 신부가 없는 세상은 절망이고 지옥이다.

또한 상인들, 왕족들, 사람 냄새가 나는 것은 축복이요 희망이다. 그러나 그런 희망의 싹이 사라지고 영원한 지옥에서 고통으로 죽어가는 심판을 의미한다.

결론

하나님의 심판으로 영원히 지옥에 가는 심판이 있고, 선지자들과 성도들 또한 죽임을 당하여 땅에 피를 뿌렸다 할지라도 십자가에서 죽으시며 흘리신 예수님의 보혈의 피로 성중에서 다시 살아나게 된다(발견되리라).

그러므로 우리는 주님만 바라보고, 희망과 용기를 가지고 믿음으로 승리의 삶을 살아가기를 축복한다.

44과_ 어린 양의 혼인잔치

본문_ 계 19:1-10

서론

사람은 한번 태어나 죽는 것은 정한 이치이며, 그 후에는 반드시 심판이 있다고 히 9:27에 말씀하고 있다. 심판 후에는 반드시 휴거가 일어나고, 휴거 상황에서 어린 양이신 예수님이 신랑이 되시고, 성도들은 신부가 되어 혼인잔치에 참여한다고 성경은 부활과 어린 양이신 예수님에 대한 순서를 말씀하고 있다.

1. 하늘에서 기뻐 찬양함

본문에서 '할렐루야'가 네 번씩이나 나오는 것을 보면 혼인잔치가 하나님께 얼마나 영광을 돌리는 일인지를 보여주고 있다.(계 19:1-6)

- 계 19:1 → 할렐루야 구원과 영광과 능력이 우리 하나님께 있도다.
- 계 19:3 → 두 번째로 할렐루야 하니 그 연기가 세세토록 올라가더라.
- 계 19:4 → 하나님께 경배하여 이르되 아멘 할렐루야 하니
- 계 19:6 → 할렐루야 주 우리 하나님 곧 전능하신 이가 통치하시도다.

2. 하나님은 참되고 의로운 심판

이 땅에서는 참된 것을 찾기가 매우 어려운 상황이지만 마지막 날 우리 하나님의 심판은 정확하고 의로우시며 참된 심판임을 말씀은 강조하고 있다. 그러므로 지옥으로 가는 영혼들도 불만이 없고, 믿음으로 천국 혼인

잔치에 참여하는 성도들은 참된 심판에 감사할 뿐이다.

3. 하나님의 혼인잔치에 참여하여 복 받을 자들

하나님께서 예비한 때가 되었다. 즉, 기약이 되어 신랑을 맞이하는 신부가 자신을 준비하는 것처럼 영적 신부인 성도가 신랑인 예수님을 맞이할 준비가 다 되었음을 의미한다.

빛나고 깨끗한 세마포 옷을 입도록 허락하셨으니, 이 세마포는 성도들의 옳은 행실이로다. 천사가 사도 요한에게 말한 것을 기록하라 어린 양의 혼인잔치에 청함을 받은 자들은 복이 있도다.

요한이 그 발 앞에 엎드려 경배하려 하니 어린 양 되신 예수님이 말하기를 나는 너와 및 예수의 증언을 받은 네 형제들과 같이 된 종이니 삼가 그러하지 말고 오직 하나님께 경배하라 하였다.

결론

염려하지 말자. 심판 때를 두려움과 고난의 시기로 보지 말고 혼인이란 큰 잔치에 비중을 두자. 우리 모두 그 잔치의 주인공인 신부의 자격으로 참여하여 큰 복을 받아 누리는 성도가 되자.

45과_ 백마와 탄 자

본문_ 계 19:11-18

서론

계 6:2에 나오는 흰말과 탄 자가 의의 사자와 싸우고, 또 싸워서 이기는 예수 그리스도의 영적 전쟁에 관한 사건이다. 본문에서 11절에 나오는 백마를 탄 자는 메시야의 왕으로 재림하시는 심판의 주님으로 말씀하고 있다.

1. 의로운 심판

인류 역사 가운데 수많은 재판이나 심판들이 있어서 공의를 부르짖지만 참되고 의로운 심판은 인류의 마지막 주님의 재림과 함께 찾아오는 심판이 있다. 이 심판은 참되고 공의로운 심판이로되 영원히 지옥과 천국에 가는 심판이 된다. 실수하거나 잘못 판단하여 억울한 사람이 하나도 없는 완벽한 심판이다.

이 심판의 주인은 만왕의 왕이요 만주의 주이신 예수님이시다. 본문의 말씀은 그 심판의 주님에 대하여 여러 모양으로 표현하고 있다.

2. 심판의 기준

십자가에서 죽으시면서 인류의 죄를 위해 흘리신 예수 그리스도의 보혈로 정결하게 된 자는 천국에 가지만 옷을 입었으되 깨끗한 옷이 아니라 얼룩진 옷을 입은 자들은 영원한 지옥에 갈 것이다. 즉 피 뿌린 옷을 입고,

하나님의 말씀으로 무장한 성도는 어린 양의 혼인잔치에 신부의 자격으로 참여하게 된다.

3. 철장권세로

심판의 권세를 준 것은 하나님의 하늘에 있는 군대들, 희고 깨끗한 세마포 옷을 입고 백마를 타고 그를 따르는 무리였다. 그들의 입에서는 예리한 검이 나오고, 그것으로 만국을 치겠고, 그들은 철장권세로 다스리며 심판의 왕이시오 주님이시다.
그 분은 전능하신 분이시며 맹렬한 진노의 포도주 틀을 밟겠고(승리의 상징) 오고 오는 세대 속에서 수많은 성도들이 기다리던 신랑이신 재림의 주님, 예수 그리스도이시다.

결론

부활 승리하시고, 승천하여 하나님 우편에 앉으신 예수 그리스도께서 이제는 심판의 철장 권세를 가지고 재림의 주님으로 오시어서 심판하신다.
모든 성도들은 어린 양이며 신랑이신 예수님에게 신부의 자격으로 나아가게 된다.
이제, 우리는 두려워하지 말고, 놀라지 말고, 당당한 신부처럼 신랑을 기다릴 줄 아는 성도들이 되기를 축복한다.

46과_ 천년왕국의 주인공은

본문_ 계 20:1-6

서론

종말을 말하거나 요한계시록을 강해하거나 말하는 사람들은 반드시 천년왕국에 대하여 말한다. 그러나 똑같이 해석하지 아니하고, 서로 다른 천년왕국을 말한다. 그들의 특징은 천년왕국의 시작점이다. 세 가지의 학설을 살펴보면 전천년기설, 후천년기설, 무천년기설이다.
이러한 학설은 예수님의 재림과 연관이 있다. 여기에서는 천년왕국의 시기나 시작점을 말하려는 것이 아니라 천년왕국의 특징에 대해 언급하고자 한다.

1. 첫째 특징: 사탄 마귀가 없는 세상

본문에서 2-3절을 보면 옛 뱀, 사탄, 마귀란 놈을 잡아서 결박하여 무저갱에 던져 넣고 잠그고 인봉하여 천년이 되기까지 이 세상을 미혹하지 못하게 하니 그곳이 천국이다. 사탄이 없으니 미혹하는 자가 없어, 아름답고 평화로우며 살맛나는 세상인 것이다.

2. 둘째 특징: 성도들의 왕 노릇

사탄 마귀가 공중권세를 잡고 미혹하다가 그들이 사라져 버린 세상을 누군가 다스리며 왕 노릇 할 사람이 필요하다면 그것은 성도들이 하게 되어진다.

- 예수 그리스도의 증인 노릇이다. 죽임을 당한 자, 곧 순교자들이 왕 노릇하게 된다.
- 짐승과 우상에게 경배하지 아니한 자, 즉 신앙생활을 할 때 평범하면서도 순수한 신앙인, 성도를 말한다.
- 짐승의 표를 받지 않되 이마나 손목에 받지 않으면 성령의 인을 받은 자들이 왕 노릇한다.

3. 셋째 특징: 기간이 있는 천국

영원한 천국이 아닌 이 세상에서 잠깐 동안 있다가 없어질 만한 천국이다. 천년 동안이라는 기간이 반드시 있다.
그 이유는 계 20:3에, 그 마귀를 잠깐 동안 놓아주리라는 약속이 있다.
사탄 마귀가 없어서 천국이다. 그 사탄은 반드시 잠깐 놓아지리라는 성경 말씀이 있으니 천년왕국은 기간이 있다.

결론

천년왕국이 언제 어느 때에 시작하는 것보다 그 천국의 특성을 알고 천년왕국에서 왕 노릇 할 준비를 하는 것이 목적이다. 크고 작은 고을을 차지하여 왕 노릇하는 꿈과 희망을 갖고 오늘도 승리하자.

47과_ 마지막 심판

본문_ 계 20:7-15

서론

심판은 잘못한 사람들에게 벌을 주기 위함인 동시에 긍정적인 면으로는 잘한 사람들에게 상 주기를 위함이다. 심판은 평가라고도 할 수 있다. 어떤 일을 하고 마무리 할 때, 서로 그 일에 대한 평가를 해보고 잘못된 점과 잘 된 점을 확인하여 다음에 참고할 수 있다.

그러나 인간의 삶 속에서의 심판은 첫째 우주적 종말, 둘째 지엽적 종말이다. 사람 개개인의 종말이 있는가 하면 대우주의 종말도 있다. 본문에서의 종말론적인 심판은 우주적 종말로 보아야 할 것이다.

1. 사탄의 패망

아담 이후로 이 땅에는 사람만 사는 세상이 아니었다. 인간과 더불어 악한 사탄이 공조하고 있다. 계 20:1-6에서, 그 사탄을 잠시 잠깐 무저갱이라는 것에 가두고 인봉하였다가 천년이 차매 그들을 그곳에서 잠깐 놓아 세상을 미혹하여 살다가 최후의 종말을 맞이하여 하나님께서 그들로 하여금 다시는 성도들을 미혹하거나 넘어지게 할 수 없도록 영원한 불 못 즉 유황불에 던져버리신다. 그곳은 짐승과 거짓 선지자들과 불신앙자 세세토록 밤낮 괴로움을 받는 곳이다. 하나님께서 계 22:12의 말씀처럼 그가 행한 대로 갚아주실 것이다.

2. 흰 보좌에서 내리는 심판

크고 흰 보좌와 그 위에 앉으신 이를 보니 큰 자나 작은 자나 그 보좌에서 책들이 펴있고, 또 다른 책이 펴졌는데 곧 생명책이다. 죽은 자들은 자기 행위를 따라 책에 기록된 대로 심판을 받는다.

- 바다 가운데서 죽은 자들을 내주고
- 또 사망과 음부도 그 가운데서 죽은 자들을 내어 주니 각 사람이 자기 행한 대로 심판을 받는다.
- 불신자들은 사망과 음부와 함께 불 못에 던져지니 둘째 사망, 곧 불 못(지옥)이다.
- 누구든지 생명책에 기록되지 못한 자들은 불 못에 던져진다.

3. 생명책이 심판의 기준

사람으로 태어나서 살아간 수억만 명의 모든 생명들에게는 심판의 기준이 간단하다. 땅에서의 믿음이 바로 그 기준이다. 예수 그리스도를 나의 주, 나의 왕으로 모시고 살아온 믿음의 사람과 주님(예수님)과 상관없이 산 인생과의 차이이다.

그러나 최후의 종말, 마지막 심판은 더 간단명료하다. 생명책에 그 이름이 있느냐 없느냐에 따라서 결정되는 것이다. 생명책에 기록된 사람들은 천국에 기록에 없는 사람은 영원한 불 못(지옥)에 간다.

결론

우리의 이름은 영원한 생명책에 있으니 얼마나 다행이며 감사한 일인가! 영원한 천국에서 만나자.

48과_ 새 하늘과 새 땅
본문_ 계 21:1-8

서론

"태초에 하나님이 천지를 창조하시니라."(창 1:1)

그 하나님께서 만드신 천지가 하늘과 땅이다. 이것이 처음의 하늘이요, 처음의 땅이다. 그 땅이 없어지고 새 하늘과 새 땅이 온다는 것이다. 왜 처음 땅과 하늘이 없어져야 하는가? 그것은 인간의 타락 때문이다.

1. 인간의 타락 원인

하나님은 하늘과 땅을 만드시고, 그 곳에 에덴을 창설하시고 아담과 하와가 행복하게 살도록 모든 조건을 다 갖추어 놓으셨다. 그러던 어느 날 아담과 하와는 하나님의 계명을 어기고 죄를 짓고, 에덴에서 쫓겨나면서 인류의 불행은 시작되었다.

그 후에, 더욱 범죄가 악화되어 급기야 하나님의 진노로 '물' 의 심판을 받게 된다. 그것이 노아의 홍수사건이다. 그 후에 하나님은 세상을 구원하시려고 예수 그리스도를 이 땅에 보내주셨다. 그럼에도 불구하고 점점 죄악은 관영하고 인류는 타락하여 최후의 심판을 받게 된다.

2. 그 최후에 심판은 어떻게 할까?

하나님께서 노아 시대의 처음 물로 심판하시고 다시는 물로 인류를 심판하지 않겠다는 언약의 표시로 무지개를 주셨다. 지구의 종말, 즉 지금의 하늘과 땅은 불로 심판하신다고 성경은 말씀하고 있다.

> 계 21:8, "두려워하는 자, 믿지 아니하는 자, 살인자들과 음행한 자, 점술가와 우상 숭배자, 그리고 거짓말하는 자들은 불과 유황으로 타는 불 못에 던져지라라 이것이 둘째 사망이라."

3. 믿음을 지킨 성도들은 최후 심판 때 어떻게 될까?

심판은 좀 더 평범한 언어로 사용한다면 평가이다. 심판은 평가의 기준으로 보아야 한다. 성도들에게는 신랑을 기다리는 신부처럼 단장하고, 그 날을 맞이하게 된다.

그 날에 주어지는 축복이 새 하늘과 새 땅에서 신랑 되신 어린 양 예수님을 맞이하기 때문이다.

그 새 하늘과 새 땅은 눈물이 없는 곳이며 사망도 없고 애통하는 것이나 곡하는 것이나 아픈 것이 다 지나가고 만물이 새롭게 되어진 나라이다.

이러한 천국을 주시는 분은 알파와 오메가요 처음과 마지막이며 그 분이 주실 생명수는 영원히 목마르지 아니하는 샘물로 돈 없이 값없이 주실 것이다.

결론

좀 더 자자, 좀 더 졸자 하며 게으르게 살지 말아야 한다. 깨어 부지런히 주님만을 섬기며 장차 주실 새 하늘과 새 땅에 들어가는 복 받기를 축복한다.

49과_ 새 예루살렘

본문_ 계 21:9-27

서론

마지막 때, 새 하늘과 새 땅이 이루어지는 날, 새 예루살렘도 이 땅에 이루어지는 본문이다. 새 예루살렘은 기존의 예루살렘이 없어지고, 새로운 예루살렘이 이 땅에 이루어져 천국의 임재를 알려주는 것이다.
예루살렘은 신약적인 의미로 보면 교회이다. 찬송에 나오는 시온 성도 교회를 의미한다. 그러므로 예루살렘은 기독교 신앙의 메카이며, 그 상징성이 대단하다.

1. 거룩한 성, 예루살렘

예루살렘은 신랑이신 예수 그리스도 즉 어린 양의 신부이며 "어린 양의 아내를 네게 보이리라." 사도 요한은 성령의 조명으로 크고 높은 산 하나님께로부터 하늘에서 내려오는 거룩한 성 예루살렘이라고 증언한다.

1) 성곽의 내면적인 아름다운 모습

- 하나님의 영광이 있고 그 성의 빛이 지극히 귀한 보석 같고 벽옥과 수정 같이 밝더라.
- 그 성곽은 높고 12문이 있고 12천사와 그 위에 12지파의 이름이 기록되었더라.
- 동쪽 3개문, 서쪽 3개문, 남쪽 3개문, 북쪽 3개문, 모두 12문이 있더라.

- 그 성곽은 12기초석이 있고 어린 양의 12사도의 열두 이름이 있더라.

2) 성곽은 네모가 반듯하며 길이와 넓이와 높이가 같더라.

3) 성곽의 기초석은 각색 보석으로 꾸며진 것으로 첫째 기초석은 벽옥이요 둘째는 남보석이요, 셋째는 옥수요, 넷째는 녹보석이요, 다섯째는 홍마노요, 여섯째는 홍보석이요, 일곱째는 황옥이요, 여덟째는 녹옥이요, 아홉째는 담황옥이요, 열째는 비취옥이요, 열한째는 청옥이요, 열두째는 자수정이다.

4) 12문에는 12진주가 각 문마다 한 개의 진주로 되어 있고 성곽은 맑은 유리 같은 정금이더라.

2. 요한이 성전을 보니

- 주 하나님 곧 전능하신 이와 어린 양이 그 성전이시다.
- 그 성은 해와 달의 비췸이 쓸 데 없으니 이는 하나님의 영광이 비치고 어린 양이 그 등불이 된다.
- 만국이 그 빛 가운데로 다니며 땅의 왕들이 자기 영광을 가지고 그리로 들어간다.
- 낮에 성문을 닫지 아니하리니 거기에는 밤이 없다.
- 만국의 영광과 존귀를 가지고 그리로 들어가겠고 무엇이든지 속된 것이나 가증한 일 또는 거짓말하는 결코 그리로 들어가지 못한다.

결론

이 아름답고 영원한 새 예루살렘에 들어갈 수 있는 자격은 생명책에 기록된 자들이다. 그러나 우리에게는 새 예루살렘에 결코 두렵지가 않다. 우리는 생명책에 이름이 기록되어 있으니 안심하자.

50과_ 왕 노릇 하리로다

본문_ 계 22:1-5

서론

우리는 예수님을 믿고 천국 가는 것이 소원이요, 최고의 특권임을 알고 신앙생활을 해왔다. 어려운 고난의 길이라도 잘 참고 견딜 수 있었던 것은 조금 후에 갈 천국과 그 곳에서의 상급이 있으므로 고난도 환란도 핍박도 견딜 수 있었다. 나아가 '왕 노릇 하리라'는 하나님의 약속이 있으니 큰 축복이 아닐 수 없다.

1. 외적인 천국의 모형

수정 같이 맑은 생명수의 강을 내게 보이니 하나님과 및 어린 양의 보좌로부터 나와서 인간에게 가장 필요한 물(생수) 문제가 해결된 천국임을 알려주고 있다. 맑고 깨끗한 천국, 길 가운데로 흐르는 강이 있고 강가 위에 생명나무가 있어 열두 가지 열매를 맺되 날마다 그 열매를 맺고 그 나무 잎사귀들은 만국을 치료하기 위함이다.

여기에서 강조된 천국은 ①부족한 물 문제 ②식량 문제 ③질병으로부터의 해방을 약속하고 있다.

2. 인간의 삶의 질을 말하는 천국

이 땅에서 문제가 되는 의식주 문제와 질병의 문제가 해결될 뿐만 아니라 ①저주가 없으며 ②하나님과 그 어린 양의 보좌가 그 가운데 있어서 그의 종들이 그를 섬기며 ③그의 얼굴을 볼 터이요 ④그의 이름도 그들의 이마에 있으리라 ⑤다시 밤이 없겠고(어두움을 의미함) ⑥등불과 햇빛이 쓸데 없으니 이는 하나님이 그들에게 비취심이라. 그들이 세세토록 왕노릇하리라.

3. 왕 노릇하리라

계 20:4에, 천년왕국에서 천년동안 왕 노릇한다는 약속이 있다.

계 22:4에서 세세토록 왕 노릇하리로라 한 약속은, 천국에서 성도들의 삶의 질을 말해주고 있다. 왕이란 최고의 권력과 최고의 부와 최고의 삶을 나타낸다.

결론

수정과 같이 맑고 깨끗한 천국에 생명 강이 있고, 생명나무의 열매가 있으며 모든 것이 완벽하게 갖추어진 그 나라에서 세세토록 왕 노릇이 약속되었다. 여러분은 최고의 행복을 기대해도 된다.

51과_ 주 예수여 오시옵소서

본문_ 계 22:6-15

서론

요한을 비롯한 모든 사도들은 주님의 재림을 본인들 생전에 오실 것처럼 고백한다.

벧후 3:8, "주께서 하루가 천년 같고 천년이 하루 같다는 이 한 가지를 잊지 말라. 더디다고 생각하는 것과 같이 더딘 것이 아니요."

1. 요한에게 보여주신 주님

천사들을 통해서 보여주신 내용은 "보라 내가 속히 오리니 이 두루마리의 예언의 말씀을 지키는 자는 복이 있으리라." 주 예수님의 재림은 한국 교회 앞에 최후의 종말을 의미한다. 역사 속에서 주님의 재림에 대한 잘못된 편견이나 예언 때문에 수많은 성도들이 혼돈 속에서 방황했던 일들이 얼마나 많았는지!

한국 교회도 1992년 주님의 재림을 예언한 일로 말미암아 시한부 종말론에 빠져 자기 재산을 탕진하고 사회를 황폐하게 하였다. 주님께서는 성경에 예언하신 대로 주님의 때에 반드시 오실 것이다. 주 예수여 어서 오시옵소서!

2. 행한 대로 갚아 주리라

행 1:7 → 때와 시기는 아버지만 아신다. 여기에서 말하는 '때' 가 바로 그 날을 말한다. 그 마지막 날, 그 때를 위해 어떻게 준비해야 할까?
'갚아 주리라' 에는 두 가지 의미가 있다. 첫째는 보상의 의미로 행한 대로 갚아 주셔서 천국에서 보상해주신다. 둘째는 심판의 의미가 있다. 그래서 행한 대로 갚아 주셔서 지옥에서 갚아 주실 것이다.
그러므로 이 땅에서 어떻게 살지는 본인이 선택하고 행동해야 할 것이다.

3. 알파와 오메가 되시는 하나님

전능자 하나님,
완전하신 하나님,
점도 흠도 없으신 하나님,
한 치의 오차도 허용하지 않으시는 하나님,
시작과 끝을 주장하시는 하나님,
알파와 오메가 되시는 하나님이시다.
그 분은 우리 인생의 삶을 평가하실 수 있는 정확한 분이시다. 그의 평가를 통해서 어떤 이는 천국에 어떤 이는 지옥에 간다. 그러나 억울하거나 잘못된 판단으로 천국 가야 할 사람이 지옥 가거나 지옥 갈 사람이 천국 가는 일은 없다.

결론

조금도 염려하지 말고, 전능하신 주님께 내 인생을 맡기고 담대하게 살아가자. 당신에게도 천국의 VIP 티켓이 주어질 것이다.

52과_ 나 예수는

본문_ 계 22:16-21

서론

"나 예수는 교회를 위하여 내 사자를 보내어 이것들을 너희에게 증언하게 하였노라. 나는 다윗의 뿌리요, 자손이니 곧 광명한 새벽별이라 하시더라."

1. 성령과 신부가 말씀하시기를

"오라 하시는도다. 듣는 자도 오라 하실 것이요. 목마른 자도 올 것이요. 원하는 자는 값없이 생명수를 받으리라."

이사야서에서 말씀하신 것처럼 돈 없는 자도 와서 먹고 배부르리라. 바로 천국에는 생명과일과 생명수가 있는데, 누구든지 와서 배부르게 먹고 마시고 쉼을 얻는 곳이 천국이다. 찬송가 가운데 "수고와 고생"은 쉼을 얻으리라.

2. 성취되는 예언

예언의 말씀은 반드시 이루어진다.

"이 예언의 말씀을 읽는 자와 듣는 자와 그 가운데 기록된 것을 지키는 자는 복이 있나니 때가 가까움이니라."(계 1:3)

계 22:18-19에서,

- 예수님은(나 예수는) 두루마리 예언의 말씀을 듣는 모든 자에게 증언하

노니 누구든지 이것들 외에 더하면 하나님이 두루마리에 기록된 재앙들을 그에게 더하실 것이요.

– 만일 누구든지 두루마리의 예언의 말씀에서 제하여 버리면 하나님이 이 두루마리에 기록된 생명나무와 거룩한 성에 참여함에서 제하여 버리시리라.

3. 내가 속히 오리라

지금까지 성도들의 입장에서 예수님이 속히 오실 것을 고대하는 말씀으로 "아멘 주 예수여 오시옵소서."라고 외쳐졌지만, 본문에서는 본인이신 예수 그리스도께서 말씀하시기를, "내가 진실로 속히 오리라" 약속하셨다.

어떤 사람들의 말처럼 더디 오시는 것은 예수님 때문이 아니라 우리들이 구원 받는데 준비가 덜 되어서 그런 것으로 보아야 한다. 하나님은 한 영혼이라도 더 구원하시고자 기다리고 기다리신다는 사실을 기억하고 더 많은 영혼들이 주 예수 앞에 나와서 구원 받은 하나님의 백성으로 살 수 있기를 소망하자.

결 론

지금까지 요한계시록을 복음적이며 쉽게 설교형식으로 증언하였다. 계시록은 어려운 책이 아니요, 무서운 책이 아니다. 우리에게 천국을 사모하도록 하는 소망의 말씀이다. 주님께서 우리에게 천국을 약속해주셨음을 확인하도록 해주는 말씀이 여기에 있다.

복음의 눈으로 본 요한계시록

1판 인쇄일 2017년 9월 11일
1쇄 발행일 2017년 9월 25일

지은이 _ 주우경
펴낸이 _ 한치호
펴낸곳 _ 종려가지
등 록 _ 제311-2014-000013호(2014. 3. 20)
주 소 _ 서울특별시 은평구 은평로 14길, 9-5
전화 02. 359. 9657
디자인 _ 표지 이순옥 / 본문 구본일
제 작 _ 어시스트 강진오
제작대행 세줄기획(이명수) 전화 02. 2265. 3749
영업(총판) 일오삼(민태근)
전화 02. 964. 6993, 팩스: 02. 2208. 0153

값 8,000 원

ISBN 979-11-87200- 28-4 03230

잘못 만들어진 책은 구입하신 서점에서 바꾸어 드립니다.
책의 주문 및 영업에 대한 문의는 영업대행으로 해주십시오.
문서사역에 대한 질문은 010. 3738. 5307로 해주십시오.

주우경 010-4650-6555